folletos

Andrea Staid

Ser naturaleza
Una mirada antropológica para cambiar nuestra relación con el medioambiente

Traducción de María Soledad Sairafi

VIRUS

Título: Ser naturaleza. Una mirada antropológica para cambiar nuestra relación con el medioambiente

Diseño de colección: Pilar Sánchez Molina y Silvio García-Aguirre
Diseño de cubierta: Virus Editorial

Traducción del italiano: María Soledad Sairafi
Edición y maquetación: Virus Editorial
Corrección ortotipográfica y de estilo: Rita Soler Colin
Corrección de galeradas: Carlos Marín Hernández

Primera edición: octubre de 2025

ISBN: 978-84-17870-51-5
Depósito legal: B-18632-2025

VIRUS Editorial i Distribuïdora, SCCL
C/ Junta de Comerç, 18, baixos
08001 Barcelona
Tel. / Fax: 934 413 814
editorial@viruseditorial.net
www.viruseditorial.net

Índice

A Lisa, que cada día me enseña a escuchar y observar con paciencia lo que me rodea.

A Maya, que mantiene su ser salvaje y cazador sin renunciar a la relación más allá de la especie.

A los olivos majestuosos y sobrios. Al huerto en evolución permanente. Al mar y a las montañas que me regalan serenidad cotidiana.

Introducción

El pueblo europeo debe despertar, debe sacudirse la indiferencia de lo que pasa en el Sur Global. Darse cuenta de que hay una responsabilidad y la responsabilidad es compromiso y lucha, porque solo tenemos un planeta, no hay otro de repuesto.

Berta Cáceres, activista indígena asesinada en 2016

El camino se hace andando, por lo que continuamente tenemos que improvisar formas de vida a medida que avanzamos, borrando huellas, aunque sigamos los pasos de nuestros antecesores. Sin embargo, nada de esto lo hacemos en solitario, sino en compañía de otros. Al igual que los ramales, una cuerda, las vidas humanas se entrelazan y solapan unas con otras en ciclos alternativos de tensión y resolución (decisión, determinación, propósito). Ningún ramal dura para siempre, pues mientras unos se marchitan, otros se entretejen.

Tim Ingold, *Antropología. ¿Por qué importa?*

Estamos a fines de julio de 2022, es una noche calurosa con un agradable viento del norte que me refresca. Camino entre los surcos de mi huerto; las plantas trasplantadas a finales del invierno están ahora exuberantes, cargadas de frutos, crecen cada día en la tierra y me ofrecen buen alimento. Esto me da estabilidad y crea una conexión con las plantas y una suerte de equilibrio entre cuerpo y mente. Después recuerdo que debo regarlas, porque la sequía se hace sentir y me doy cuenta de que todas las cisternas de recolección de agua pluvial que tengo están completamente vacías; entonces con Lisa, mi perra, voy al bosque y me dirijo a las cascadas para ver cómo está el nivel del agua.

Desgraciadamente, desde fines de mayo, cuando bajo por el monte Alpe entre las grutas Nicùn y el riachuelo o *beo*, como lo llaman aquí, las cascaditas no llevan agua. Todo está seco, las piedras se han vuelto blancas, de un color calcáreo, y sobre el terreno se extiende una costra superficial compacta que día a día se vuelve más gruesa, una suerte de barrera que dificultará el drenaje cuando comience a llover. Y eso me asusta.

Mientras escribo este libro, en Italia y en otros lugares se desatan incendios devastadores, las llamas devoran bosques y destruyen viviendas, la sequía comienza a preocupar seriamente a todo el mundo y, al mismo tiempo, asistimos a violentos aluviones que causan derrumbes, colapso y muerte. Nada de esto es casual. Es el resultado del modo de vida que ha

10

caracterizado a nuestra especie en los últimos tres siglos. De hecho, el exceso de asfalto y de cemento impide que el agua se infiltre en las profundidades del terreno, que, si no estuviese recubierto en gran parte por capas de alquitrán, podría absorberla. El suelo, encementado, intervenido por numerosos tipos de infraestructuras, se ha endurecido, por lo que el agua no logra penetrarlo y permanece en la superficie.

El nuestro es un estilo de vida que no ha querido aceptar compromisos ni relaciones con las demás especies vivientes ni con el entorno: un pensamiento totalmente antropocéntrico basado en el dominio y la colonización de territorios animales y vegetales, una forma de vivir sin límites en un planeta que tiene recursos limitados.

De resultas, el medioambiente y la crisis climática figuran entre las cuestiones más discutidas en los últimos años. Y ¿cómo puede la antropología contribuir a este debate? Contando y describiendo otras maneras de vivir —que durante mucho tiempo hemos considerado erróneamente como «primitivas» o «salvajes»— como posibilidades con las cuales relacionarse, compartir, intercambiar o pensar. Ha llegado la hora de descentrar nuestra mirada antropológica mediante la escucha y el relato de historias múltiples y no lineales. Como afirma el antropólogo James Clifford, es el momento de un realismo etnográfico, coproducido sobre el terreno, en el que nuestra relación se entable no con entrevistados, sino con presencias, con sujetos. Hoy las poblaciones indígenas desempeñan un rol activo en la investigación etnográfica: vivimos finalmente un descentramiento de Occidente. Las respuestas locales, las soluciones parciales y pragmáticas que se están desarrollando en culturas y entornos diferentes del nuestro pueden ser ejemplos en los cuales inspirarse, con los que confrontarse para construir nuevas respuestas a la crisis ecológica que enfrentamos.

Hay culturas, en otros lugares del mundo, que no han seguido el camino del desarrollismo sin fin, del dominio de la humanidad sobre la naturaleza; han existido y existen muchas y muy diversas comunidades que no se han relacionado con la naturaleza aislándola y tratándola como un dominio aparte, externo, en el que todo es contemplado como recurso al servicio del ser humano.

Muchas sociedades han mantenido los vínculos de complicidad e interdependencia con los habitantes no humanos del mundo y han sabido preservarse del saqueo irresponsable del planeta, al que las sociedades occidentales no han dado tregua en los últimos tres siglos. Estas sociedades, como nos recuerda el antropólogo Eduardo Kohn, jamás han pensado que las fronteras de la humanidad se detuvieran a las puertas de la especie humana y han incluido e involucrado en la vida social a plantas y animales, estrechando con ellos pactos y relaciones.

La tarea de la antropología, según Philippe Descola, no es dar soluciones certeras, sino mostrar que aquello que parece eterno, el presente en el cual nos encontramos, es simple y llanamente un modo de existencia más entre los otros cientos de formas de vivir la condición humana que se han descrito. La contribución de la antropología es ofrecer el testimonio de las numerosas soluciones al problema de la existencia en común, para lo cual debemos esforzarnos en imaginar nuevos mundos, porque es precisamente el poder de la imaginación lo que da forma al cambio.

Quien lee el diario, escucha la radio o la televisión, o desliza la pantalla de las redes sociales sabe que los aluviones, los terremotos, la sequía extrema, los corrimientos de tierra, los tornados y las tormentas son fenómenos a la orden del día en todo el planeta. En cambio, a menudo se nos oculta que es precisamente nuestra forma de vivir lo que está destruyendo ese planeta. Nuestro consumo y nuestras prácticas son insostenibles y todos comenzamos a pagar las consecuencias. Vivimos en el Antropoceno, la era geológica en la cual nosotros, animales humanos (sobre todo occidentales), con nuestro modo de existencia hiperconsumista, hemos modificado territorios completos de manera estructural, contaminando agua, tierra y aire, y causando cambios climáticos sin precedentes.

Ahora nos toca lidiar con todo esto.

Este libro no solo pretende contribuir a la comprensión del concepto de *pluralidad ecosistémica* o *multinaturalismo*, sino que, sobre todo, quiere ser un manifiesto en favor de una toma de conciencia que asuma que, para cambiar el mundo desde el punto de vista ecológico y social —y para salvarnos del desastre—, es necesaria otra forma de mirar y pensar la «naturaleza».

Porque la naturaleza no es un lugar, sino un organismo viviente del cual formamos parte como especie. Parece sencillo de entender, pero es una noción fundamental para repensar el aquí y ahora.

El esfuerzo que os pido como lectoras y lectores es el de pensar la naturaleza como el sistema total de seres vivientes (flora y fauna) y entes «inanimados»; como una totalidad que, evidentemente, también incluye a nuestra especie.

Ha llegado el momento de fundar una ecología en la que todo lo viviente, incluidos los humanos, interactúe sin atender a fronteras de especie; de concebir y vivir la naturaleza sin alienarla del ser humano, sino como un conjunto de relaciones; y de entender el paisaje ante todo como un lugar de vida que es necesario respetar y comprender, y no como un objeto para museificar, patrimonializar y cosificar. La naturaleza es un conjunto de vidas entretejidas, no un eslogan para rescatar una economía en crisis. De hecho, dependiendo de cómo habitemos y pensemos el medioambiente, y de cómo seamos capaces de relatar y construir nuevos modos de habitar, podremos o no cambiar el mundo.

Naturaleza/cultura
La comprensión antropológica

Para empezar, toda esa domesticación y toda esa dominación han causado tal desastre que no está claro si la vida en la Tierra puede continuar. En segundo término, las interrelaciones entre especies, que antaño parecían cosa de fábula, hoy son objeto de serios debates entre biólogos y ecólogos, que muestran cómo la vida requiere de la interacción entre muchos tipos de seres distintos, de manera que los humanos no pueden sobrevivir pisoteando a los demás. En tercer lugar, las mujeres y hombres concretos de todo el mundo hemos hecho oír nuestra voz para que se nos incluyera en el estatus antaño otorgado exclusivamente al Hombre en abstracto. Hoy, nuestra alborotadora presencia socava la intencionalidad moral de aquella masculinidad cristiana propia del Hombre que separa a este de la Naturaleza.

Anna Lowenhaupt Tsing, *La seta del fin del mundo*

¡Cuánto tiempo nos han engañado a los dos! Transmutados, escapamos ahora, deprisa, como escapa la Naturaleza. Somos la Naturaleza. Hemos estado ausentes mucho tiempo, pero hemos vuelto: nos convertimos en plantas, troncos, follaje, raíces, corteza; nos acomodamos en la tierra, somos rocas, somos robles, crecemos, uno al lado del otro, en los claros del bosque, pastamos, somos dos en el seno de las manadas salvajes, tan espontáneas como cualesquiera; somos dos peces nadando juntos en el mar; somos lo que las flores del algarrobo: derramamos fragancias en los caminos por la mañana y por la tarde; somos también la grosera tizne de las bestias, de las plantas, de los minerales; somos dos halcones rapaces: volamos, escrutando la tierra; somos dos soles resplandecientes, y los que encontramos el equilibrio, órbicos y estelares, somos como dos cometas; merodeamos, cuadrúpedos, por la espesura, enseñando los colmillos, y saltamos sobre la presa; somos dos nubes por el cielo, al amanecer y al atardecer; somos mares que confluyen, somos dos de esas olas alegres que se entrelazan y se empapan mutuamente; somos lo que la atmósfera: transparentes, receptivos, permeables, impermeables; somos nieve, lluvia, frío, oscuridad, somos todo lo que el globo produce, y todas sus influencias; hemos descrito círculos y más círculos, hasta llegar a casa los dos, de nuevo; lo hemos invalidado todo, excepto la libertad y nuestra alegría.

Walt Whitman,
«¡Cuánto tiempo nos han engañado a los dos!»

18

Durante más de un siglo la antropología ha tenido bastante claro cómo narrar la naturaleza y separarla de la cultura. La naturaleza ha sido descrita como universal e independiente de los humanos o como el ambiente que nos rodea: las montañas, el mar, el cielo. La cultura, en cambio, ha sido definida y contada como el producto de las acciones humanas. A partir de los estudios de Edward Tylor sabemos que todos los grupos humanos producen cultura: en *Cultura primitiva*,[1] el antropólogo británico funda la especificidad de la dimensión cultural sobre el carácter adquirido de sus componentes. Cómo hablamos, cómo vestimos, cómo bailamos y cómo comemos, todo es fruto de una construcción cultural.

Una pareja binaria en la cual la cultura —lo que es regulado por el pensamiento y la tecnología humana— es universalmente valorada como superior a la naturaleza —lo que no es regulado—. El antropólogo que sin duda describe de una manera más clara la oposición naturaleza/cultura o animalidad/humanidad es Claude Lévi-Strauss, quien, en el libro *Las estructuras elementales del parentesco*,[2] publicado en 1949, postula esta separación

---

[1.] Edward Tylor, *Cultura primitiva*, 2 vol., trad. Marcial Suárez, Ayuso, Madrid, 1977 [1871].

[2.] Claude Lévi-Strauss, en la edición de 1967 de *Les structures élémentaires de la parenté* [hay trad. cast.: *Las estructuras elementales del parentesco*, trad. Marie Thérèse Cevasco, Paidós, Barcelona/Buenos Aires, 1998], modifica radicalmente la idea de que la distinción entre naturaleza/cultura o animal/hombre represente como una ruptura objetiva de la realidad determinada por la aparición del lenguaje articulado. Sin embargo, la etnografía y la paleoantropología del siglo XXI han puesto en crisis radical este cuadro epistemológico. La descripción de la impronta y de la dificultad para distinguir instinto e imitación en las crías animales hacen insostenible la idea de que el aprendizaje y las cualidades adquiridas son características exclusivamente humanas. También la función social resulta general e inherente al reino animal. Un animal social aislado no revela el fundamento orgánico de la especie, sino que manifiesta carencias neurológicas, fisiológicas o físicas que también padecería un ser humano hipotéticamente sustraído de su ambiente sociocultural al nacer. Por lo tanto, la cultura no es un hecho exclusivamente humano: por eso es imposible una separación neta entre naturaleza y cultura.

Para Clifford Geertz, la consideración de la cultura en términos de símbolos compartidos no implica la existencia de una fractura entre naturaleza y cultura; la evolución cultural comienza cuando la orgánica no ha concluido todavía y la propia variabilidad cultural hunde

---

una división real y, en realidad, considera esta demarcación poco lineal y definida, como una representación cultural de naturaleza defensiva, mediante la cual el hombre funda su identidad específica y su irreductibilidad a otras formas de vida. Véase Ugo Fabietti y Francesco Remotti (eds.), *Dizionario di antropologia. Etnologia. Antropologia culturale. Antropologia sociales*, Zanichelli, Bolonia, 1997.

sus raíces en la biología humana. Tanto la naturaleza como la cultura son, de hecho, construcciones culturales que se interpretan según las elecciones y las perspectivas de las distintas poblaciones. Por ello, se hace indispensable redefinir el término «naturaleza» o, en palabras de Bruno Latour, «atribuirle agencia».[3]

Partiendo de un modelo constructivista, Latour explica la realidad social distanciándose radicalmente de cualquier tendencia esencialista de la naturaleza y de la sociedad, y afirmando que cada idea científica, cada manufactura técnica, cada hecho social, es el resultado de una intrincada red de relaciones en la cual interactúan actores sociales humanos y no humanos. Al relativizar la dicotomía naturaleza/cultura, no la consideramos como universal y fundamental, sino como un hecho cultural y, por lo tanto, relativo al contexto en el que se produce. En *Nunca fuimos modernos*,[4] Latour concibe el concepto mismo de cultura como un producto artificial creado por nosotros y en el que colocamos la naturaleza entre paréntesis. No existe una cultura universal, en la misma medida en que tampoco existe una naturaleza universal. Solo existe la naturaleza/cultura y esa es la única base comparativa posible. Basta con pensar como, en muchos idiomas, el concepto de *naturaleza* tal como estamos habituados a

---

[3.] Bruno Latour, *La sfida di Gaia. Il nuovo regime climatico*, trad. Donatella Caristina, Melime, Milán, 2020, pp. 22-23.

[4.] Bruno Latour, *Nunca fuimos modernos. Ensayos de antropología simétrica*, trad. Víctor Goldstein, Siglo XXI, Buenos Aires, 2007.

definirlo ni siquiera es traducible. Es necesario superar esta concepción extremadamente eurocéntrica.

En los últimos años, en el seno de los estudios antropológicos, ha nacido un interesante debate sobre la relación de las miradas occidentales, antropocéntricas y capitalistas con las «otras» cosmovisiones. Esta discusión ha puesto en tela de juicio de manera integral el concepto de naturaleza y de relaciones entre especies. En muchas partes del mundo la naturaleza se concibe como un conjunto de relaciones que rebasan la especie.

Los autores clave para entender este debate son numerosos: desde Eduardo Viveiros de Castro, Tim Ingold o Bruno Latour hasta Eduardo Kohn, Anna Tsing y Philippe Descola. Este último, por ejemplo, afirma que ha llegado el momento de transformar la antropología, liberándola precisamente de ese dualismo constitutivo que contrapone todo lo que es humano con lo que no lo es.

Este conflicto entre naturaleza y cultura que nosotros, habitantes del Occidente moderno, hemos tomado como paradigma del mundo es, pese a todo, solo una de las visiones posibles creadas por los seres humanos para adaptar su vida al entorno. Por lo tanto, resulta obvio que nuestro modo de pensar la ecología, el concepto mismo de «preservar la naturaleza», es una construcción cultural relativa al contexto en el que ha sido producido y que, de hecho, no es evidente ni aceptable a escala universal.

Fuera de Occidente, la separación naturaleza/cultura no se entiende con la misma facilidad; es importante

22

comprender que esta visión del mundo no es característica de todos los grupos humanos presentes en la Tierra, ya que muchas formas de pensar, imaginar y relacionarse con el concepto de *naturaleza* son específicas a cada cultura.

En contraste con la cosmovisión occidental, que trata los espacios naturales como simples e inertes fuentes de recursos materiales para beneficio exclusivo del ser humano, hay otros modos de conceptualizar lo viviente. En ellos el mundo «natural» está compuesto por sujetos, y esos sujetos mantienen relaciones comunicativas entre ellos y con nosotros, animales humanos.

> *La manera como nos ven otros tipos de seres importa. El hecho de que nos vean cambia las cosas. Si los jaguares también nos representan —en maneras que pueden ser de vital importancia para nosotros—, entonces la antropología no puede limitarse solo a explorar cómo la gente de diferentes sociedades podría llegar a representarlos haciendo esto. Esta clase de encuentros con otros tipos de seres nos fuerzan a reconocer el hecho de que ver, representar y tal vez saber, y aun pensar, no son asuntos exclusivamente humanos.*[5]

---

[5]. Eduardo Kohn, *Cómo piensan los bosques. Hacia una antropología más allá de lo humano*, trad. Mónica Cuéllar Gempeler y Belén Agustina Sánchez, Abya-Yala, Quito, 2021, p. 2.

El dualismo naturaleza/cultura es una visión desarrollada de manera primordial en Europa a partir de Aristóteles y estructurada en modo estrictamente antropocéntrico en el seno de la teología cristiana: el ser humano debe dominar aquello que lo rodea, pues tiene una suerte de derecho a gobernar la naturaleza y sentirse parte externa y superior. Esta oposición naturaleza/cultura se expande en la metafísica dualista cartesiana que, de hecho, sienta las bases de la ciencia en la separación neta entre sustancia material y sustancia espiritual. La antítesis humanidad/naturaleza se ha configurado en términos de un quiebre ontológico irreductible entre el sujeto conocedor y el objeto de conocimiento. Una racionalización que, en palabras de Descartes, entiende la naturaleza como *res extensa*, una materia inerte, separada del pensamiento y que este puede manipular. Durante la formación de los Estados nación europeos, de la cual ha emanado el orden mundial actual, la obra de racionalización del universo natural se orientó sistemáticamente a la explotación económica y al control militar de territorios en disputa entre Ejércitos nacionales. En el pasado reciente, tanto los Estados del bloque occidental como los del desaparecido bloque soviético se especializaron en la gestión «racional» de los recursos presentes en su territorio. Desarrollaron mapas precisos y clasificaciones de las condiciones geofísicas de los territorios, así como de las poblaciones indígenas, animales y vegetales que en ellos viven, para asegurarse el acceso al mayor número posible de materias primas y recursos naturales. Esto ha llevado a la reorganización de las formas tradicionales del paisaje, tanto en las áreas rurales como en las urbanas, con el objetivo de lograr una gestión capilar de los recursos que permita la extracción simple y rápida, y que agilice el flujo de materias primas hacia las fábricas localizadas en la periferia de las ciudades.[6]

Precisamente de esta concepción de la naturaleza surge el desastre ecosistémico que caracteriza nuestra época histórica. Podríamos afirmar que es a partir de ese momento cuando se prepara el terreno para el Antropoceno: los animales humanos, puestos por encima de todo para alcanzar su «bienestar», han transformado al resto de los seres vivientes en objetos cuya única función es la de servir de recurso para la vida humana.

Este modo de conceptualizar la naturaleza como un objeto que dominar y del cual no formamos parte es una peculiaridad completamente «nuestra». Pensar que existen seres culturales y seres naturales es una especificidad nuestra, dado que existen comunidades humanas desperdigadas por el globo que consideran a los animales y a las plantas como personas, o mejor, como sujetos más que como objetos:

---

[6] Amalia Rossi y Lorenzo D'Angelo, *Antropologia, risorse naturali e conflitti ambientali*, Mimesis, Milán, 2022, p. 21.

Estamos interconectados al suelo, a las rocas, al agua, al aire, a las plantas y a los animales, y esto se traduce en una porosidad y permeabilidad de confines entre nuestro cuerpo y nuestro ambiente [...]. Cuando se habla, por ejemplo, de las plantas, en la cultura hawaiana se usa el término poʻe, *traducido del diccionario de lengua hawaiana como «personas, gente»; se habla de «personas taro» y «personas banana», reconociendo una subjetividad colectiva en las plantas, indicadas como personas siempre en plural. [...] Hawái es uno de tantos casos en los cuales el concepto de* humanidad *y* persona *es atribuido al mundo animal, vegetal y mineral. [...] El pensamiento kanaka maoli, como el amazónico, propone reconocer la categoría de persona y, en consecuencia, de humanidad a cada ser que ocupe la posición de objeto cosmológico, de este modo, cada organismo es visto como perteneciente a un lugar, involucrado en una red de relaciones con un propio punto de vista.*[7]

En efecto, para un habitante de la selva amazónica y para un aborigen australiano, la distinción entre lo que consideramos natural y lo que consideramos cultural no tiene ningún sentido, porque en su mundo todo es al mismo tiempo natural y cultural; el ser humano

---

[7] Emanuela Borgnino, *Ecologie native*, Elèuthera, Milán, 2022, pp. 53-59.

es naturaleza como lo son las plantas y los animales: estamos insertos en una trama de sujetos que se relacionan y en la que ninguno tiene el derecho de dominación vertical. Se trata de pensar el mundo como una totalidad integrada, como un conjunto de relaciones.

Desde la antigüedad, en India las poblaciones hinduistas, budistas y jainistas veneran las plantas y los árboles por considerarlos sagrados, al igual que toda la flora y la fauna. Esta práctica revela la sensibilidad, la clarividencia y el refinamiento de estas construcciones cosmológicas. El jainismo establece una forma extrema de veganismo: la dieta del fiel llega a excluir muchos vegetales e incluso a filtrar el agua para no ingerir involuntariamente pequeños organismos.

En estas cosmovisiones indias, Dios, el principio vital, no es una peculiaridad humana, sino que permea a todos los seres vivientes, tanto plantas como animales, y la existencia de la humanidad sobre la tierra depende de las plantas y los árboles. Son ellos quienes hacen posible la vida en la tierra, brindando comida, oxígeno, refugio, remedios...

Las escrituras sagradas hindúes dicen explícitamente que debemos plantar diez árboles si por alguna razón tenemos que abatir uno. Recomiendan usar las diversas partes de los árboles y las plantas solo para satisfacer la necesidad de alimento, combustible y protección. Además, exhortan a pedirle disculpas a la planta o al árbol antes de cortarlo, para evitar caer en un tipo particular de culpa llamado *susa*. Algunos de los más importantes seres divinos se manifiestan como árboles, plantas o animales; esta es otra diferencia sustancial con la mayor parte de las religiones monoteístas que tienen una visión de lo sagrado totalmente antropocéntrica.

Marshall Sahlins nos recuerda que, para los cree,[8] las personas humanas no están por encima de un contexto material de naturaleza inerte ni en contraposición, sino que más bien son una clase de personas en una red de sujetos interdependientes. Por su parte, un maorí de Nueva Zelanda deja sus huellas sobre la madre Tierra cuando camina, hiere al dios Tāne cuando corta un árbol y consume al antepasado Rongo cuando come papas dulces: los maoríes, escribe Sahlins, viven en un universo compuesto por entero de personas que descienden todas de los primeros padres, Tierra (Papa) y Cielo (Rangi). El universo es de hecho una gran parentela. El etnógrafo Elsdon Best ha notado como todo lo que rodea a los maoríes es considerado pariente, incluidos los árboles, los pájaros, los insectos, los peces, las piedras y «los mismos elementos».[9] Así, se puede afirmar que «hemos sido moldeados en cuerpo y alma para una

---

[8] «Cree» es un apelativo referido a diversos pueblos indígenas de América del Norte, como los nehiyaw, nehithaw, nehilaw, nehinaw, ininiw, ililiw, iynu e iyyu. Pueden ser subdivididos en dos grandes grupos: los que se identifican a sí mismos utilizando un derivado de la histórica denominación *nehilâw*, y los que se identifican con el término «persona», históricamente *ininiw*.

[9] Marshall Sahlins, *La ilusión occidental de la naturaleza humana*, trad. Pablo Romero Noguera, Virus, Barcelona, 2025, p. 157.

28

existencia cultural» íntimamente ligada a su contexto local de producción y relación con los otros vivientes. La selección cultural ha determinado la evolución biológica.[10] Por lo tanto, conducir una vida basada en la cultura significa tener la capacidad —y reconocer la necesidad— de realizar en el plano simbólico las propias inclinaciones corpóreas según determinaciones que tienen un sentido para nosotros y para los objetos/sujetos de nuestra existencia; lejos de ser artificial y derivada, hay una suerte de «tejido simbólico» que envuelve el cuerpo, como también sus necesidades y pulsiones, y que es el resultado de la densa y larga historia de selección cultural de la cual surgimos.

El mismo cerebro, nos recuerda Sahlins, es un órgano social, evolucionado en el Pleistoceno bajo la presión de las relaciones sociales en proceso de instaurarse y consolidarse para más tarde extenderse y hacerse solidarias y complejas. Relaciones extendidas más allá de la especie, que incluyen a las «personas» no humanas. Ciertamente, cada construcción cultural y biológica está inscrita en configuraciones de sentido variables que se realizan coevolucionando. La naturaleza humana es, por lo tanto, «fluida», como sostienen los habitantes de Fiyi: es convertirse, en lugar de ser.

En la Amazonía peruana, el antropólogo Emanuele Fabiano, que durante años estuvo en estrecho contacto

---

[10] *Ibid.*, pp. 178 y 180.

con la población indígena urarina, comprendió que para sus interlocutores es posible «sentir» como un animal. Esto puede suceder mediante la adquisición de una dotación sensorial resultante de un contexto eminentemente relacional, construido a partir de la trama de relaciones y colaboraciones entre personas humanas y no humanas. La persona es conceptualizada como el resultado de un proceso de construcción posible mediante las relaciones, y ello gracias a la absorción de influencias materiales y no materiales que provienen de relaciones de intercambio específicas entre humanos y no humanos. Los urarinas, según Fabiano, afirman que cada persona está sujeta a una permanente construcción, una prerrogativa que no es exclusivamente humana, sino que pertenece a todos los cuerpos, incluidos los cuerpos animales no humanos.[11]

Como nos recordó el antropólogo Adriano Favole durante los Diálogos de Pistoia de 2022, la población de Melanesia y de la Polinesia, teniendo claros los límites que debe respetar la población humana en su entorno —y, por tanto, buscando frenar la acción depredadora del humano contra lo viviente—, inventó el tabú. Esta prohibición sirve precisamente para regular la depredación del territorio en una naturaleza conceptualizada como un mundo de relaciones que preservar. De hecho, el tabú o *tapu* se crea como un concepto

---

[11.] Emanuele Fabiano y Gaetano Mangiameli, *Dialoghi con i non umani*, Mimesis, Milán, 2019.

30

ecológico, en el que subyace un valor de inviolabilidad y sacralidad: las cosas y los lugares que son *tapu* deben ser abandonados, no está permitido acercárseles ni se puede interferir en ellos. Nos ponemos un límite intraspasable, nos detenemos para no destruir, según una construcción cultural ligada al destino de las generaciones futuras.

En mi experiencia en el sudeste asiático, cuando intentaba entender con los habitantes indígenas hmong y dzao qué es para ellos la naturaleza, siempre me era descrita como una totalidad en la que todo está inserto, en la que todo tiene espíritu; los espíritus, de hecho, habitan todas las cosas y pueden controlar la vida bajo formas de energía, por eso deben ser interpelados, respetados y propiciados en cada momento importante para el grupo y para el individuo. Debemos movernos con atención y cuidado en el ambiente que nos rodea, ya que todo tiene alma.

Mi investigación etnográfica de los últimos años se ha concentrado en los temas en torno a la *casa*,[12] y lo que me han enseñado las poblaciones indígenas con las cuales he mantenido contacto es que también las casas están vivas, son pensadas y actúan como organismos vivientes que nacen, crecen, enferman y mueren. Esto

---

[12.] Andrea Staid, *La casa vivente. Riparare gli spazi, imparare a costruire*, Add, Turín, 2021. [Hay trad. cast.: *La casa viviente. Recuperar los espacios, aprender a construir*, trad. Giuseppe Maio, Enclave de Libros, Madrid, 2025].

no significa que la casa sea una persona, pero no puede ser pensada solo como materia o, menos aún, como mercancía. En la mayoría de las comunidades indígenas que he conocido, la casa es un organismo elástico, abierto hacia el exterior, que incluye lo construido, pero también el clima vital y los significados simbólicos que la comunidad le asigna. Cuidado: esa configuración habla de la comunidad de vivientes, no solo de una comunidad de animales humanos, sino de una sociedad compleja habitada por animales, plantas y montañas. Podríamos simplificar diciendo que es una casa de relaciones entre vivientes, o mejor, que la casa es la naturaleza.

En cambio, el hombre occidental se ha sentido y se siente el patrón y poseedor de la naturaleza, porque siempre se ha considerado superior a su entorno al dejar de percibir el mundo como un todo. Estamos comenzando a entender que el precio de esta cosmovisión, que es la causa de la contaminación y la destrucción de todo lo que nos rodea y que conducirá a una probable extinción de nuestra especie, es muy alto.

Si clasificamos las visiones culturales sobre la naturaleza, podemos afirmar que existen cuatro modos de concebir las relaciones con los no humanos (plantas y animales):

- animismo, en el que no hay distinción neta entre humanos y no humanos;
- naturalismo, en el que solo los hombres tienen alma y son seres superiores;

- totemismo, en el que los humanos y no humanos comparten algunas características;
- analogismo, en el que cada ser humano y no humano es diferente de todos los demás.

Según la simple explicación de Philippe Descola, el animismo consiste en pensar, como lo hacen en el Amazonas, que los no humanos están provistos de un alma o de una conciencia idéntica a la de los humanos, pero que unos y otros se distinguen gracias a cuerpos diferentes que les permiten vivir en ambientes diversos. El naturalismo consiste en pensar, como es nuestro caso desde hace muchos siglos, que los humanos son los únicos seres dotados de razón, aunque no se distinguen en el plano físico de los no humanos. El totemismo consiste en pensar, como en el caso de Australia, que humanos y no humanos tienen en común cualidades físicas y morales idénticas, y se distinguen de otros conjuntos de cualidades físicas y morales compartidas por otros grupos de humanos y no humanos. El analogismo consiste en pensar, como en China o México, que cada humano es distinto de los demás, pero capaz de mantener relaciones análogas con otros.[13]

La credibilidad de una dicotomía universal naturaleza/cultura, aun estando consolidada en el sentido común, se ve hoy socavada por una serie de avances

---

[13]. Philippe Descola, *Diversidad de naturalezas, diversidad de culturas*, Capital Intelectual, Buenos Aires, 2016.

alcanzados tanto en las ciencias naturales (como la biología, la etología y las neurociencias) como en las ciencias humanas (sobre todo en la antropología). También conviene señalar que la división entre ciencias naturales y ciencias humanas/sociales se funda precisamente en esta oposición entre naturaleza y cultura, una separación que, como hemos indicado, está perdiendo sentido. Por lo tanto, la crisis de este modelo dicotómico nos ha llevado a un nuevo y fructífero diálogo entre las consideradas como ciencias de la naturaleza y las ciencias sociales.

Gracias a la antropología, a la investigación etnográfica y a las relaciones entre culturas diversas, estamos seguros de que esta supuesta oposición entre naturaleza y cultura carece de sentido para buena parte de la población del planeta.

Por último, es interesante destacar que tampoco en la Europa de la Edad Media existía una distinción nítida entre el mundo natural y el sociocultural. Simplificando, el hombre medieval se entendía a sí mismo dentro de la naturaleza, como parte integrante de la tierra. Tal concepción entró en crisis a partir del Renacimiento, con la invención de la perspectiva, la cual, al separar sujeto y objeto de la visión, facilitó la reducción de la naturaleza a un espacio tridimensional cuantificable, allanando el camino hacia la separación del hombre del mundo natural, que sin duda se profundizó durante la Ilustración y el desarrollo del positivismo. A partir de ese periodo histórico, se asentó con fuerza una visión de superioridad europea —y más en general, occidental— sobre el resto de las culturas y, por lo tanto, sobre su visión del mundo.

El pensamiento dual, nos recuerda Eduardo Kohn, radica en lo que significa «ser humanos», y superar esta visión requiere la verdadera empresa de descolonizar nuestro pensamiento.

Según la antropóloga Tsing, ha llegado el momento de identificar nuevos modos de relatar historias verdaderas que superen los principios civilizatorios. Una vez que nos hayamos liberado del binomio hombre/naturaleza, todas las criaturas podrán volver a vivir, y hombres y mujeres podrán expresarse sin las limitaciones impuestas por una racionalidad de perspectivas demasiado estrechas.[14]

[14.] Anna Lowenhaupt Tsing, *La seta del fin del mundo. Sobre la posibilidad de vida en las ruinas capitalistas,* trad. Francisco J. Ramos Mena, Capitán Swing, Madrid, 2021.

Colonialismo y antropocentrismo

Los colonos destrozaban la selva construyendo la obra maestra del hombre civilizado: el desierto.

Luis Sepúlveda, *Un viejo que leía novelas de amor*

Quisiera que los blancos dejaran de pensar que nuestra selva está muerta y que se encuentra ahí sin razón. Quisiera hacerlos escuchar las voces de los xapiri que juegan incansablemente danzando en sus espejos centelleantes. Y ojalá, quién sabe, quizás querrán defenderla con nosotros. Quisiera también que sus hijos y sus hijas comprendieran nuestras palabras y fueran amigos con los nuestros, para que así no crezcan en la ignorancia. Porque si la selva es completamente devastada no nacerá jamás otra.

Davi Kopenawa, *La caída del cielo*

El antropocentrismo (del griego άνθρωπο, *anthropos*, «hombre, ser humano» y κέντρον, *kentron*, «centro») es el pensamiento que tiende a poner a la especie humana en el centro del universo y a considerarla superior respecto a otras entidades presentes en la Tierra, como los animales o los vegetales. Una de las filosofías occidentales que más ha alimentado y desarrollado el pensamiento antropocéntrico ha sido el humanismo. Este enfoque filosófico consideraba al hombre el núcleo de todo y se articulaba en torno suyo, exaltando —a veces mediante sus peculiaridades— su presunta cercanía con la naturaleza divina y marcando cada vez más y de forma más clara la distancia que separa al hombre del animal. Esta teoría o, mejor, esta manera del ser humano de sentirse parte del mundo entró en crisis tras la publicación de *El origen del hombre* de Darwin, en que el biólogo británico aportaba pruebas científicas capaces de desmantelar la teoría antropocéntrica, mostrando la ascendencia común del ser humano y de los animales. Gracias a la teoría y a los estudios de Darwin, comprender que somos seres vivos unidos por una telaraña de conexiones es, con toda seguridad, más sencillo de entender; sin embargo, las actitudes antropocéntricas y especistas permanecen invariables.

La visión antropocéntrica que separa a la humanidad de la naturaleza y que plantea al *Homo sapiens* como superior y, por tanto, dueño de todo lo que lo rodea, no solamente ha llevado a la destrucción de la tierra y de otros seres vivientes, sino que ha sido uno de los motores del colonialismo. Los europeos, en su movimiento de expansión y conquista, además de ocupar tierras por la vía militar, robar recursos, colonizar territorios completos mediante el uso indiscriminado de la violencia, exportar virus y producir pandemias sin precedentes, han implantado e impuesto a la fuerza su visión antropocéntrica, que frecuentemente era del todo ajena a las poblaciones indígenas.

El colonialismo europeo ha modificado profundamente la cosmovisión indígena, ha atacado —primero con armas y luego con teorías— la construcción cultural de la relación hombre-naturaleza que caracterizaba a los pueblos originarios. En muchas tierras ocupadas por nuevos colonos, la ritualidad que involucra a la naturaleza como un concepto indivisible de la humanidad fue sustituida de manera gradual por la influencia del cristianismo católico, que establecía y establece la separación dual hombre/naturaleza.

Con la guerra, la cultura europea ha exportado su visión a las tierras colonizadas, los colonizadores han obligado a las poblaciones indígenas no solo al sometimiento militar, sino a considerarse a sí mismos y, por lo tanto, a la humanidad en general como algo externo a la naturaleza.

La idea de los colonizadores era muy simple: el hombre debe dominar su entorno, la naturaleza es algo de lo cual los seres humanos no forman parte. De hecho, han sido los portadores de una convulsión del sistema indígena que no preveía esta separación dual hombre/naturaleza.

El hombre occidental identifica la naturaleza y la cultura como dos dominios ontológicos bien diferentes entre ellos; imponer esta visión ha sido fundamental para exportar y justificar la explotación sin límite de la tierra y de sus recursos.

En el primer capítulo vimos que, para muchos pueblos indígenas, por ejemplo del Amazonas, existe todavía hoy una relación ética compleja en los vínculos entre humanos, plantas y animales, en la cual todos son considerados como familiares, como personas. Humanos y no humanos no eran y no son representados como pertenecientes a dos mundos autónomos e incapaces de comunicarse por su diversidad; el mundo humano no resulta superior o regido por leyes y principios distintos de los que gobiernan el mundo natural, las plantas, los animales, las rocas y los ríos.

Es importante recordar nuevamente que, para muchos pueblos indígenas, las plantas y los animales poseen alma, una facultad que las eleva al rango de personas a la par de los seres humanos, que les asegura una conciencia reflexiva y una intencionalidad, que las hace capaces de experimentar emociones y de comunicarse también con los miembros de otras especies, como los humanos. La visión europea de una humanidad separada de la naturaleza y no en relación con las otras especies era totalmente incomprensible.

En palabras más simples, para muchos pueblos indígenas, los no humanos comparten una condición humana originaria, dialogan con la contraparte humana

42

y operan con autoridad equivalente o superior a la de los humanos. Una relación entre humanos y animales que produce una configuración relacional única, que posee implicaciones sobre el plano corporal, cognitivo y afectivo, por medio de los modos de la percepción que son capaces de conferir a los humanos la posibilidad de sentir como un animal, y a los animales la facultad de entender el lenguaje y los hábitos de la familia humana.

La dotación sensorial era y es adquirida en un contexto eminentemente relacional, a partir de la trama de relaciones y colaboraciones entre personas humanas y no humanas, en las actividades que estructuraron y estructuran la vida cotidiana, como la caza, la preparación de los alimentos y la vida en común. Una visión que no podía ser aceptada por quien se proclamaba «hijo de Dios», por aquellos colonizadores que se abrieron camino entre los pueblos indígenas con sus espadas ensangrentadas. Sin duda el impacto del adoctrinamiento religioso ha sido devastador.

Toda la mitología y la sacralidad de estas tierras fueron sustituidas en un cambio radical que inevitablemente se refleja también en la actividad cotidiana de los nativos. La visión testamentaria del hombre como amo y señor de la naturaleza fue impuesta a las poblaciones indígenas y se consolidó en todas las tierras conquistadas con una violenta imposición del modelo eclesiástico.

En el momento de la conquista, el trabajo agrícola y artesanal comenzó a tener un objetivo comercial.

La tierra, la naturaleza, fue cosificada y separada del hombre y, por lo tanto, rentabilizada y mercantilizada. La extracción de minerales, metales preciosos y maderas —orientada a financiar los gastos y las necesidades de los colonizadores— sirvió para crear la riqueza de Europa.

Una vez impuesto el sistema colonial mediante la imposición de una nueva lengua, de un desarraigo geográfico, del dinero como único medio de cambio y de la obligación del trabajo asalariado o esclavizado, la posibilidad de un retorno a las propias costumbres nativas y ancestrales desaparece casi completamente entre los indígenas.

No solo se transformó el paisaje como querían los colonizadores, sino que se inició un proceso de «blanqueamiento» de la cultura. Cuando se introdujo la nueva visión de la naturaleza, emergieron diversos hábitos de consumo entre los indígenas y los procesos de destrucción del ecosistema partieron sin tregua; acciones impensables antes de la ocupación de las tierras se volvieron habituales incluso para los nativos.

Las consecuencias del colonialismo en todas sus formas y en todos sus periodos, incluso los más contemporáneos, han desafiado nuestra imaginación, infligiendo una crueldad sin nombre y dejando cicatrices y sufrimientos indescriptibles.

El colonialismo ha sido, y es aún, una política económica de robo y expansión. Pero no solo eso; es también la destrucción de la memoria de los lugares del tiempo, de las lenguas que fueron erradicadas, de las comunidades y de los modos de vida que fueron cancelados. Serge Latouche sostiene que el productivismo capitalista ha alterado de forma relevante nuestra relación con el tiempo, el cual, una vez marcado artificialmente por el reloj mecánico, contabilizado y recontabilizado, se vuelve el elemento central de la economía.[1]

El colonialismo exportó también esta nueva relación con el tiempo, a la cual todas las comunidades indígenas hubieron de adaptarse; era necesario producir cada vez más y en un plazo determinado, ya fuera en una mina en Potosí o en un campo de cacao en Brasil, como fundamento para acelerar los ritmos de producción. El tiempo de la vida se convirtió en tiempo para trabajar, en tiempo para producir un excedente.

La pérdida para la humanidad ha sido incalculable; se han destruido culturas, ideas, especies, hábitats, tradiciones, cosmologías, posibilidades, modelos de vida y modos de comprender el mundo. Innumerables tradiciones ecológicas —modos diversos de coexistir con la naturaleza— han sido despedazadas por la expansión occidental.

La destrucción de la vida humana en las Américas, en África, en el Ártico o en Oceanía fue tan catastrófica y difusa que gran parte de la población originaria fue exterminada por las guerras, las epidemias, la esclavitud, la explotación laboral y las hambrunas.

[1.] Serge Latouche, *La megamáquina. Razón tecnocientífica, razón económica y mito del progreso*, Díaz & Pons, Madrid, 2016.

En las últimas décadas del siglo XIX, decenas de millones de personas murieron de hambre en India, después de que la política colonial británica obligara al país a exportar grandes cantidades de alimentos. El saqueo del Congo —proyectado para extraer todo el marfil y el caucho posible— asesinó al menos a diez millones de personas: la mitad de su población en aquella época.

La historia del colonialismo, aunque todavía permanezca borrada de la conciencia histórica de nuestras sociedades, debería ser recordada por muchas razones, y nuestra actual preocupación por el cambio climático no es la última entre ellas. El colonialismo y la destrucción desbordante que lo acompaña —con la aniquilación de ecosistemas y el sometimiento de las comunidades que los sostenían— han desencadenado un fuerte aumento de las emisiones contaminantes. El colonialismo ha cambiado el ritmo, la magnitud y la entidad de la destrucción ecológica. Ha generado cambios dramáticos en los ecosistemas terrestres y acuáticos y ha transformado las dinámicas de crecimiento.

Jason Moore sostiene que el ascenso de la civilización capitalista desde 1450, con sus audaces estrategias de conquista global, de mercantilización infinita y de racionalización implacable, supuso el giro histórico más decisivo en cuanto a la relación de la humanidad con el resto de la naturaleza desde el inicio de la agricultura y las primeras ciudades.[2]

[2.] Jason W. Moore, *Antropocene o Capitalocene? Scenari di ecologia-mondo nell'era della crisi planetaria*, Ombre Corte, Verona, 2017.

El colonialismo ha moldeado también el modo de concebir la conservación de la naturaleza y la ecología. Los esfuerzos por proteger la naturaleza, particularmente intensos desde finales del siglo XIX, se transformaron en nuevas oportunidades de control colonial. Las áreas de «naturaleza incontaminada» que luego se convertirían en parques nacionales fueron vaciadas de habitantes, mientras las tierras aledañas eran destinadas a la extracción intensiva. Una vez más, la naturaleza era vista como objeto, en este caso para «preservarlo».

Como sostienen desde hace décadas Survival[3] y otras asociaciones por los derechos indígenas, nos encontramos ante una gran paradoja: para «salvar» un bosque, a menudo se delimita un territorio, que se declara parque nacional, reserva natural o patrimonio de la humanidad, y se elimina la posibilidad de que sus habitantes nativos continúen habitándolo.

El 80 % de la biodiversidad terrestre se encuentra en territorios habitados por pueblos indígenas, y la enorme mayoría de los doscientos lugares del mundo con más biodiversidad se encuentran en tierras indígenas. Estos dos datos bastarían para afirmar que los pueblos indígenas saben proteger el medioambiente mejor que nadie.

No obstante, el modelo de conservación dominante continúa esforzándose por crear en todo el mundo áreas protegidas «inviolables» —libres de la presencia

---

[3.] Información disponible en www.survival.it.

47

humana—, mostrando una completa incapacidad de reconocer el rol desempeñado por los indígenas en la formación y el cuidado de la naturaleza.

Sucede entonces que las tierras donde estos pueblos han vivido y que han gestionado durante milenios son erróneamente definidas como «vírgenes» o «salvajes», y los indígenas son desalojados en nombre de la «conservación». Una vez expulsados de sus tierras nativas, los indígenas pierden su autosuficiencia y se encuentran viviendo en la miseria o de las ayudas suministradas por los respectivos Estados en las áreas de reasentamiento.

Sin embargo, no solo sufren las comunidades desalojadas de sus tierras, sino también el medioambiente, que es privado de sus tradicionales «custodios» y a menudo ve aumentar la caza furtiva y la sobreexplotación de los recursos, así como el ficticio ecoturismo, gestionado por empresas que se enriquecen a costa de las poblaciones indígenas. Todo bajo la novedosa bandera del ecologismo justo que, en realidad, es la fachada de un auténtico *greenwashing* con el que estas empresas aspiran a posicionarse en el área de la sostenibilidad ambiental y el respeto por la naturaleza, a fin de obtener beneficios en términos de imagen —nacional e internacional— y aumentar su facturación —aspecto central pero poco declarado—. Y ello sin que su modo de operar sea sustancialmente diferente del de una compañía depredadora cualquiera.

El error de fondo está en considerar las tierras indígenas como «salvajes» o «vírgenes» cuando en realidad,

48

desde hace miles de años, las habitan, atraviesan, viven y gestionan precisamente las poblaciones indígenas que son expulsadas. En el intento por proteger estas áreas supuestamente «salvajes», gobiernos, sociedades, asociaciones y otros componentes de la industria de la conservación se esfuerzan por convertirlas en «zonas inviolables» libres de la presencia humana. Todo ello forma parte de una lógica etnocéntrica que no logra salir de la cosmovisión antropocéntrica y occidental que pretende preservar una fantasmal naturaleza externa, lejana, salvaje. Debemos considerar todo esto y comprender la importancia de un enfoque ecológico descolonial, que nos permita entender que el problema no es solo el cambio climático, sino la era del Antropoceno, que es también y sobre todo fruto de un sistema colonial, racista, patriarcal y antropocéntrico impuesto a gran parte del mundo desde Europa mediante un violento proceso de colonización que ha durado más de cinco siglos. Lo que estamos viviendo hoy es el resultado de una modernidad basada en la muerte, en la esclavitud de las comunidades indígenas y en el sometimiento de otros seres vivos. Una modernidad que ha sido construida no solo a partir de la separación de los seres humanos bajo la idea de «raza», sino también de la separación del «ser humano» y la «naturaleza».

Extractivismo y ecocidio

Los explosivos son atados al cuerpo humano, al cuerpo de los pobladores de Sarayaku, porque nuestro territorio es nuestra casa, el lugar donde nosotros vivimos, hombres, mujeres, jóvenes y ancianos. Los explosivos están en nuestras casas, listos para explotar. Para los extranjeros, estos territorios no tienen vida, pero, para nuestro pueblo, que los habita, son terrenos vivos. Quisiera que las personas imaginaran explosivos en Carondelet, el palacio presidencial, o la Casa Blanca. ¿Cómo reaccionarían los ciudadanos si hubiesen millones y millones de kilos de explosivos bajo esos edificios?

José Gualinga en Ursula Biemann y Paulo Tavares,
Foresta giuridica

Yo soy Shuar. Nuestra historia es la consecuencia de la historia de la invasión de los pueblos indígenas en América Latina. [...] Esta historia de explotación del petróleo es muy amarga para nosotros. Y ahora, en pleno boom minero, este Gobierno, extractivista en el verdadero sentido del término, apela a las multinacionales. Sabemos con certeza que hay sociedades chinas, canadienses, árabes, coreanas y japonesas. ¿Qué negocian? Nuestro territorio amazónico. Negocian nuestra selva, nuestro hábitat.

Domenico Ankwash, *Foresta giuridica*

En enero de 2018, mientras paseaba por la fascinante y a un tiempo tenebrosa Potosí, observaba las montañas y las pendientes inestables y desgarradas del cerro Rico, y pensaba constantemente en la muerte y en el dolor de la montaña y de todos los seres que perecieron por extraer riqueza en forma de plata. En el cerro apenas hay agua y la que queda está contaminada por siglos de extracción criminal. «La montaña que come hombres», como la llaman los habitantes de la ciudad, aún está poblada por quienes trabajan en la mina, en pequeñas casas de adobe edificadas a una altitud que varía entre los 4200 y los 4700 metros.

A esa altura, caminar es difícil y mi pensamiento volvía constantemente a las canteras y a quienes, aún hoy, están obligados a trabajar en un ambiente en el cual el oxígeno escasea, el aire seco deshidrata la piel y el polvo lo envuelve todo. Se estima que desde el siglo XVI más de ocho millones de mineros han muerto por accidente o enfermedades causadas por la exposición a sustancias tóxicas derivadas de la extracción minera.

El extractivismo es una de las consecuencias trágicas de la visión antropocéntrica que el colonialismo ha impuesto y exportado a prácticamente todo el mundo. Extractivismo y colonialismo están íntimamente vinculados porque el motivo principal que llevó a la expansión territorial de Europa fue la necesidad de materias primas. Empresa esta (la búsqueda de recursos) que sigue intacta, incluso cada vez con más fuerza, e invade cualquier territorio que siga libre, devastando con su impronta tierras indígenas completas desde Perú hasta Brasil, de Colombia a Argentina, desde India hasta Myanmar o de Tailandia a Laos.

El extractivismo ha sido una constante en la vida económica, política y social de muchos países de lo que hoy se denomina Sur Global. Son precisamente los países no occidentales los más golpeados por esta práctica depredadora. En este contexto, no sorprende que los conflictos socioecológicos se hayan multiplicado, con la «naturaleza», los bienes comunes y los territorios en el centro de estas disputas. El atlas global de la justicia ambiental registra hasta ahora 3267 conflictos socioecológicos en el mundo, de los cuales 453 están en África; son datos que hablan claro.[1]

Los proyectos extractivistas destruyen la naturaleza en favor del desarrollo y el bienestar del Norte Global, sin ninguna precaución por el agotamiento de los recursos naturales o la sostenibilidad de sus prácticas. La llamada «economía verde» no ha cambiado el modelo

---

[1] Información disponible en shre.ink/SArl.

depredador que destruye territorios para extraer materias primas y obtener grandes ganancias; los impactos ambientales son devastadores para aquellos países en los que se extrae la materia prima, y el crecimiento económico se limita a los países ya enriquecidos, en detrimento de los espacios ecológicos de los países empobrecidos. En las últimas décadas, las tierras africanas han sido atacadas por una serie de fuerzas tanto antrópicas como medioambientales.[2] Los bosques y la vegetación han sido eliminados por completo para hacer espacio a la actividad agroindustrial, mientras los desiertos se extienden y la fertilidad del terreno se reduce a causa de los excesivos ciclos de siembra y pastoreo, y la aplicación de productos químicos a gran escala.

Sabemos que la falta de respeto por los límites del planeta y de sus recursos naturales tiene un fuerte impacto en el medioambiente y contribuye al aumento de las emisiones de carbono y al calentamiento global, pero no logramos renunciar a ningún tipo de comodidad y preferimos cerrar los ojos frente a la evidencia de la crisis climática que vivimos. Esta ceguera, la ausencia de cambios en nuestras prácticas cotidianas y nuestros estilos de vida, desemboca en una significativa crisis ecológica que lleva a la destrucción de la tierra, a la contaminación del agua y del aire, a la pérdida de biodiversidad y al deterioro de la calidad de vida en las comunidades locales.

---

[2] «Medioambiental» entendido como crisis ecológica o climática.

56

Según el Programa de las Naciones Unidas para el Medio Ambiente (PNUMA), la degradación del suelo es un grave problema en treinta y dos países africanos, continente en el que el 65 % de los terrenos agrícolas han sido dañados. En Eritrea, solo el 15 % del territorio está cubierto de bosques y la deforestación por la demanda externa de madera está causando la erosión del suelo, debido a las lluvias torrenciales y erráticas. En Etiopía, el lago Alemaya Hāyk —que históricamente ha provisto a la zona adyacente de agua para el uso doméstico, el riego y la ganadería— ha reducido su caudal notablemente, interrumpiendo el aprovisionamiento hídrico de una ciudad vecina por la drástica expansión de la agricultura comercial para la producción y la exportación. En Guinea Ecuatorial, el boom de las exportaciones de petróleo ha dado pie al crecimiento urbanístico de su capital, Malabo, y de otras ciudades petroleras, con la consecuente degradación y contaminación de las costas.

Estas prácticas extractivas son la principal causa de la aceleración del cambio climático. La deforestación y el uso impropio del suelo (como sucede en áreas de cultivo o ganaderas) son dos de las fuentes más relevantes de emisiones de gases de efecto invernadero que tienen consecuencias directas a escala local y global. Hay, además, efectos indirectos: la extracción de recursos locales y su exportación a otros continentes producen de manera ingente ese mismo tipo de emisiones.

Disponemos de una infinidad de datos que demuestran que el mundo está asistiendo a los efectos de un calentamiento antrópico sin precedentes, causado casi exclusivamente por países altamente industrializados que han alimentado su crecimiento con el saqueo medioambiental. No todos somos culpables del mismo modo, pero debemos rendir cuentas de una vez por todas por el colonialismo del pasado y el colonialismo económico contemporáneo.

Ha llegado el momento de ver qué ha producido el estilo de vida sin límites del *Homo sapiens* y de entender que, aunque contaminemos fuera de Europa (cosa reprobable desde un punto de vista ético), las emisiones tóxicas se diseminan por la biosfera y no permanecen, obviamente, en los límites de los países contaminados, sino que escapan a la atmósfera y destruyen la capa de ozono, con consecuencias letales para la vida y los medios de subsistencia de todo el mundo.

El Movimiento de Mujeres y Diversidades Indígenas por el Buen Vivir propone el concepto de *terricidio*, entendido como la anulación de la vida de los pueblos y de la ascendencia que ellos encarnan en los territorios, y considera que debería ser tratado como un crimen de lesa humanidad. Para las mujeres mapuches, la denuncia de cada una de las empresas extractivas debe ponerse en el centro de las reivindicaciones, de las manifestaciones y de los actos de denuncia social y política medioambiental también del Norte Global.

Los movimientos antirracistas en Brasil, por su parte, nos recuerdan que no solo las balas asesinan, sino también las políticas ambientales y la comida podrida que entra en nuestro cuerpo.

Tras el Acuerdo sobre el Cambio Climático de París, las emisiones de gases de efecto invernadero de los principales países contaminantes han aumentado un 1,7 % en 2017 y un 2,7 % en 2018. Actualmente, los primeros diez emisores de gases de efecto invernadero son China, Estados Unidos, la Unión Europea, India, Rusia, Japón, Brasil, Indonesia, Canadá y México. Juntos, estos diez centros económicos son responsables del 60 % de todas estas emisiones de gases a nivel mundial. China, la Unión Europea y Estados Unidos contribuyen catorce veces más a las emisiones que los cien países más pobres.

Los impactos ambientales producen una brusca interrupción de los ciclos de reproducción de la vida y dejan a la comunidad sin sus tierras mediante la privatización o la contaminación. Estos impactos también tienen repercusiones importantes sobre las relaciones de género. Para las mujeres, el difícil acceso a los recursos naturales y la pérdida de la soberanía alimentaria implican una sobrecarga de trabajo, ya que son las principales responsables de las labores de cuidado, como la alimentación de la familia. Una vez que los proyectos extractivos rompen el tejido social, promueven un diálogo exclusivamente masculino e individualizado, irrumpen en los procesos de decisión comunitarios y marginan a las mujeres convirtiéndolas en sujetos pasivos.

En estos procesos, la división sexual del trabajo y la distribución de la responsabilidad son reconfiguradas, encomendando a las mujeres las tareas del trabajo reproductivo.

Además, los impactos ambientales generan efectos negativos en la salud de la comunidad y en particular de las mujeres, que se ven expuestas a la contaminación de los ríos en cuanto que responsables de la gestión del agua en la familia. Otra característica común en los contextos de degradación ambiental y erosión de la salud colectiva es el consecuente aumento de la carga laboral de las mujeres, como responsables del cuidado y atención de los miembros de la comunidad. La contaminación ambiental golpea a todos los seres vivos: animales, plantas y humanos.

Como sostiene Alba Barbosa Bes, los megaproyectos extractivos causan graves consecuencias en el medioambiente y cambios climáticos que golpean a la comunidad, y en particular a las mujeres. La repetición sistemática del acaparamiento y de la contaminación de la tierra y el agua, de la deforestación, de la destrucción de los ecosistemas y de la pérdida de biodiversidad nos está llevando a una creciente toxicidad ambiental. Todos estos efectos ecológicos tienen también un impacto de género.

La «religión» extractivista consiste en la imposición de la noción europea de civilización y del ideal de desarrollo infinito que ha caracterizado al capitalismo desde su origen, el cual ha sustentado la implantación sobre las tierras ocupadas y colonizadas de este conjunto de ideas por medios coercitivos. Se trata de una economía de conquista, de rapiña y saqueo, cuyas características son posibles precisamente mediante la separación entre la humanidad y la naturaleza. Si el *Homo sapiens* se pensara como parte de la naturaleza, difícilmente actuaría depredando territorios, destruyendo montañas y asesinando animales no humanos uno tras otro. En el curso de la historia, el poder de la ley para crear confines artificiales entre titulares de derecho y sujetos privados de ellos, o para delinear las divisiones entre quién cuenta como sujeto y quién no, se ha utilizado para reforzar el dominio y el control sobre poblaciones y territorios. La modernidad y el colonialismo han sido edificados y legitimados por la separación jurídica entre el ser humano como sujeto/patrón y el ser humano como propiedad/esclavo.[3]

La actuación del colonialismo significaba no solo la «integración» de diversos pueblos en la ideología de la modernidad, sino también la ocupación física (pero también mental) de los territorios y sus habitantes. Para someter a mujeres y hombres no europeos, era necesario convencerlos de que la visión antropocéntrica del hombre sobre la naturaleza era la única posible, la única justa de perseguir. En la base del colonialismo está la lógica despiadada y precisa de la

---

[3] Ursula Biemann y Paulo Tavares, *Forest Law / Foresta giuridica*, Nottetempo, Milán, 2020, p. 22.

61

bestialidad de los colonizados: «salvajes», «primitivos», hombres y mujeres incapaces de autogobernarse, que necesitaban a los europeos para progresar, para salir del abismo del propio atraso. Este razonamiento etnocéntrico y supremacista ha homogeneizado la cultura local en torno a Europa como lugar de enunciación epistémica. Esto ha facilitado la imposición de la idea de progreso por medio de la falsificación del concepto de civilización.

Para comprender a fondo la lógica extractivista hay que entender el papel central que en ella desempeña el término y el concepto de «naturaleza», que, como vimos en el primer capítulo, ha tenido siempre un uso poliédrico y complejo, con diferentes significados dependiendo de la construcción cultural, política y económica de los diversos actores.

Como hemos señalado, la naturaleza se puede entender como un espacio no dividido, vital, en el que como animales humanos nos insertamos en relación con los otros animales y vegetales, un espacio vivido y transformado por las culturas locales. O bien se puede concebir como algo separado de nosotros, pensarse solo como una mercancía, algo que gobernar o dominar, u objeto de transformación tecnológica. Esta última visión es la que nos ha llevado directamente a la época del Antropoceno.

Naturaleza, extractivismo y colonialismo son tres conceptos importantes, necesarios y funcionales para analizar desde una perspectiva crítica y contemporánea el sometimiento del medioambiente y su papel en el dispositivo colonial.[4] A tal efecto, partimos de la premisa de que el extractivismo es una forma de explotación y dominación de la naturaleza. Por tanto, constituye un elemento clave del dispositivo del poder colonial establecido por los europeos por todo el mundo, el cual se disfraza hoy de un modelo de desarrollo económico que empobrece y despoja a las comunidades rurales, privadas de los medios e instrumentos para contrarrestar la hegemonía de los grupos económicos que ejercen el control sobre sus territorios, sus riquezas naturales y sus proyectos de infraestructuras de extracción minera a gran escala.

No ha habido muchos cambios en la aplicación del modelo extractivista desde que los europeos pisaron América o África; al contrario, se podría decir que la lógica es siempre la misma: un modelo depredador y desgastador. No se distinguen grandes diferencias entre lo realizado por los colonizadores en el pasado y lo que las empresas transnacionales realizan hoy mediante el control de los recursos naturales. Una situación que puede ser definida como una verdadera hecatombe social.

El extractivismo ha desempeñado, y sigue desempeñando, un rol de vital importancia, porque frecuentemente se camufla como baluarte del desarrollo social

---

4. Andrea Staid en Eduardo Galeano, *Le vene aperte dell'America Latina*, Sur, Roma, 2021. [Original en castellano: *Las venas abiertas de América Latina*, Siglo XXI, Madrid, 2023].

en las políticas sociales y en los discursos de los Gobiernos que lo promueven.

También los Gobiernos que definimos como progresistas o incluso los gestionados por los primeros políticos indígenas o socialistas llegados al poder han perpetuado la lógica extractivista, destructora de comunidades y territorios. Muchas de estas Administraciones, por más que de impronta socialista, han enarbolado con orgullo precisamente la bandera del extractivismo. Según estos Gobiernos, los sectores productivos basados en la extracción de recursos son importantes y constituyen uno de los pilares de las actuales estrategias de desarrollo. No obstante, hoy como en el pasado este modelo depredador es proporcional a los altos niveles de exclusión de la población indígena, rural y campesina, que sufre el empobrecimiento consecuente a la violación de los derechos humanos, la contaminación y el deterioro del medioambiente en las zonas de extracción en las que se desarrollan los proyectos mineros.

Así, resulta evidente que los proyectos ligados al extractivismo en el sector minero no son más que un neoextractivismo enmascarado por una prosperidad falaz. Se fanfarronea sobre la restitución de tierras indígenas, pero hoy casi ningún Gobierno ha llevado a cabo un proceso serio en este sentido: ni una sola hectárea de tierra ha sido restituida a los campesinos despojados.[5]

---

5. Excepciones a esto son algunos casos interesantes de restitución

La masacre de los indígenas, iniciada hace muchos siglos, nunca ha terminado. Ejemplo de ello es Uruguay, con el genocidio charrúa, y la Patagonia, donde los indígenas fueron exterminados por mercenarios que los cazaban con el fin de que no obstaculizaran el avance sistemático y planificado de los latifundios ganaderos. Una historia que atormenta aún hoy a los escasos descendientes de las poblaciones originarias de las Américas, cuyas culturas seculares fueron erradicadas de sus tierras para hacer espacio al pastoreo de ovejas productoras de lana.

Son muchos los conflictos que sostienen los pueblos originarios, el principal de los cuales sin duda es preservar las tierras nativas de la destrucción agroindustrial. Una lucha compartida por las poblaciones nativas de América del Norte, las poblaciones de la Amazonía brasileña, peruana o ecuatoriana, y la Patagonia chilena y argentina. Una historia que se repite desde hace más de quinientos años de colonización. Esta práctica depredadora no destruye solo los territorios, sino que ataca todavía físicamente a los y las activistas indígenas que luchan contra el extractivismo.

Cada año, en todo el mundo, decenas de personas son asesinadas por luchar contra la destrucción de la tierra. La noche del 2 al 3 de marzo de 2016, la activista hondureña Berta Cáceres fue asesinada en su habitación.

de tierras a las comunidades indígenas en algunos países de América del Sur, en Australia y en Nueva Caledonia.

Durante años su vida fue una lucha continua por la defensa de los derechos de la población indígena de Honduras y de sus ríos, en particular el Gualcarque. Berta Cáceres pertenecía al pueblo lenca, el grupo étnico indígena más numeroso de Honduras. En 1993 fundó, con su marido Salvador Zúñiga, el Consejo Cívico de Organizaciones Populares e Indígenas de Honduras (COPINH), dedicado a la defensa del medioambiente y de los territorios indígenas, y en concreto de los ríos. Con gran determinación, junto con la población indígena, se opuso a la realización del complejo hidroeléctrico Agua Zarca, en la cuenca del Gualcarque, que violaba de manera manifiesta los principios que reconocen a los pueblos indígenas el derecho a la autodeterminación. Lamentablemente, en la realidad estos derechos no son reconocidos y sus tierras y ríos son destruidos sin cesar. Uno de los responsables de su asesinato fue David Castillo, propietario de la sociedad Desarrollos Energéticos S.A. (DESA), que estaba impulsando la construcción de la central hidroeléctrica Agua Zarca.[6]

[6.] En 2018, Roberto David Castillo Mejía (directivo de DESA), Sergio Ramón Rodríguez (gerente de Ambiente y Comunidades de DESA), Douglas Geovanny Bustillo (jefe de Seguridad de DESA) y Mariano Díaz Chávez (miembro de las Fuerzas Especiales del Ejército hondureño) fueron condenados a treinta años de cárcel como autores intelectuales del asesinato de Berta Cáceres. Por su parte, Henry Javier Hernández (exsargento de las Fuerzas Especiales hondureñas), Edwin Rápalo (sicario), Edison Duarte Meza (sicario) y Óscar Torres

Con todo, aún hoy el Estado hondureño presenta como una de sus principales estrategias de desarrollo la profundización del modelo extractivo, con una política pública que privilegia los proyectos de explotación y acumulación de los bienes comunes de la naturaleza que ocasionan la desaparición forzada de las estructuras organizativas, las manifestaciones culturales y la espiritualidad ancestral de los pueblos. Esto se evidencia en la existencia de una serie de proyectos que gozan de pleno apoyo y ayudas del Estado para su actuación, operatividad y funcionamiento: minas, centrales hidroeléctricas y monocultivos, o zonas para la ocupación y el desarrollo económico (ZEDE), solo por citar algunos. Este modelo extractivo hondureño supone, en la práctica, la representación de un modelo implementado a escala global, que extrae bienes naturales de propiedad comunitaria para generar una acumulación económica en beneficio de terceros (generalmente inversores locales o extranjeros, empresas transnacionales o fondos de pensiones).

En la mayoría de los casos, los productos extraídos son materias primas o fuentes de energía empleadas para satisfacer las exigencias de consumo de la élite del Norte Global. Sin embargo, es el Estado quien cubre en buena parte los costes operativos y, según este, las personas y las comunidades deben ceder la tierra, el

---

(sicario) fueron condenados a treinta y cuatro años como autores materiales. *(N. de la E.)*

agua, el aire y el espacio vital necesario para realizar los proyectos, ya que son considerados de interés público.

De este modo, y reproduciendo un esquema de extracción mundial que se desarrolla localmente en diversos países (sobre todo en el Sur Global), el Estado, en lugar de desempeñar el rol de garante de los derechos de sus habitantes al agua, a un medioambiente sano o a la vida misma, actúa en favor de los intereses de las empresas (nacionales o transnacionales). Así, el acatamiento y la garantía de los derechos de las comunidades sobre sus territorios mediante, por ejemplo, el respeto al consentimiento libre, previo e informado, se ignoran con el argumento de los beneficios públicos que se obtendrían con diversos proyectos extractivos. El resultado es, por lo tanto, la generación e intensificación de conflictos socioambientales debido a la presión (económica, social y militar) ejercida sobre la comunidad que históricamente ha defendido el propio territorio.[7]

Si nos trasladamos a Brasil, la situación de ataque a las tierras y las culturas indígenas es aún más grave. Durante el mandato de Jair Bolsonaro (político nacionalista de extrema derecha elegido presidente en enero de 2019),

---

[7.] Para profundizar en la cuestión del extractivismo en Honduras, véase Susy Núñez, Fabricio Herrera, Martha Flores, *Extractivismo y resistencia comunitaria en Honduras*, Consejo Cívico de Organizaciones Populares e Indígenas de Honduras (COPINH) / Organización Fraternal Negra Hondureña (OFRANEH), s/l, 2017.

las persecuciones a la población indígena no solo aumentaron, sino que fueron reinventadas desde el partido de este sombrío personaje, que afirmó sin complejos que «es una pena que la caballería brasileña no fuera tan eficiente como la americana para exterminar a sus indígenas».

Su odio hacia la población nativa es el mismo de los conquistadores. Según su idiosincrasia, se trata de comunidades que hay que eliminar, problemas por resolver para el gran desarrollo capitalista de Brasil y, más en general, del continente. Tanto es así que ha afirmado sin el menor pudor: «No hay territorio indígena en el cual no haya minerales. En estas tierras —especialmente en el Amazonas, que es el área más rica del mundo— se encuentra oro, estaño y magnesio. No me dejaré involucrar en esta payasada de defender la tierra para los indígenas».

En Ecuador, desde hace más de treinta años, la empresa Texaco es cómplice y culpable de diversos daños al ecosistema. Según se detalla en el libro *Foresta giuridica*,[8] la compañía ha descargado miles de millones de desechos tóxicos en los terrenos y en los cursos de agua del Amazonas, causando la contaminación de una vasta escala de las tierras y las aguas, y llevando enfermedades y muerte a los indígenas y a las comunidades campesinas, a sus animales y a sus cultivos.

La extracción de crudo, que ha empujado a Texaco a instalarse como un depredador en estas tierras,

---

8. Biemann y Tavares, *Forest Law/Foresta giuridica, op. cit.*

69

genera una serie de efectos colaterales conocidos como «agua producida», es decir, miles de litros de líquidos residuales creados para poder extraer petróleo. Mientras que el petróleo se exporta al mercado global exterior, estos desechos tóxicos líquidos deben eliminarse en alguna parte. La práctica habitual prevista en Estados Unidos, al menos desde inicios de la década de 1970, es la reinyección en el subsuelo, a gran profundidad, para evitar contaminar los acuíferos. En la Amazonía, para maximizar la ganancia, Texaco optó por una tecnología anticuada, menos costosa, que redirige las descargas a más de novecientas fosas a cielo abierto, excavadas directamente en la superficie, sin aislar las áreas de los acuíferos. Estas fosas tienen cerca de veinte metros de largo por tres metros de profundidad y están distribuidas alrededor de trescientos treinta pozos petrolíferos, en una superficie cercana a cuatrocientas cuarenta mil hectáreas de selva ecuatorial, un espacio equivalente al área metropolitana de Río de Janeiro. En periodos de grandes lluvias, la mayor parte de estas fosas se desbordan y canalizan los líquidos cancerígenos hacia los afluentes de los ríos Aguarico, Coca y Napo. Las trágicas consecuencias son evaporaciones, condensación, dispersión, precipitación, infiltración y la producción de una de las zonas más desfiguradas por el desastre socioambiental del ecocida siglo xx.[9]

---

9. *Ibid.*, p. 46.

A medida que el desarrollo se ha transformado en una ideología hegemónica, propagada por diversas disciplinas académicas, instituciones financieras bilaterales y organizaciones tanto gubernamentales como no gubernamentales, la caracterización de la selva pluvial como una gigantesca y vacía reserva natural, despoblada, primitiva, retrasada, inexplorada y aislada, no solo correspondía a los intereses del Estado, de los estrategas geopolíticos y de las multinacionales, sino también a la perspectiva de geógrafos, geólogos, economistas y planificadores, los cuales se habían prometido «mejorar» la Amazonía mediante la organización racional de su ocupación.

Esta racionalización ha allanado el terreno tanto a los colonizadores, comerciantes de madera, propietarios de grandes porciones de terreno y especuladores, mediante la construcción de caminos en la selva para conectar las refinerías petroleras, como a la configuración de un territorio pensado como un almacén de productos para extraer. La industria de la madera ha abierto la puerta al sonido de enormes motosierras, fusiles contra las poblaciones indígenas y grandes camiones que obtienen los frutos de su actividad depredadora en detrimento de la selva y acelerando la deforestación, la fragmentación del paisaje y la consiguiente pérdida de biodiversidad. Un mal para los indígenas, un mal para los árboles, las plantas, los ríos, y un mal para toda la sociedad de seres vivos que habita la tierra.

La destrucción de la Amazonía no ha sido un evento imprevisto, de consecuencias inmediatas, sino el resultado de una violencia perpetuada durante décadas en diversas áreas geográficas y difundida a través de los terrenos, los cursos de agua, los oleoductos o las nubes de humedad. Penetrando progresivamente en los cuerpos humanos y no humanos, ha impregnado la cadena trófica y ha desencadenado una muerte colectiva lenta y transgeneracional, perpetrada mediante la ecología letal del desarrollo introducida por la frontera moderno-colonial. El propio medioambiente ha sido el mecanismo mediante el cual la violencia se ha difundido, transformando en víctima silenciosa a la selva Amazónica y al planeta entero. El extractivismo ha producido un verdadero ecocidio, es decir, la destrucción consciente de un entorno natural. Desde hace años, muchos activistas indígenas y no indígenas, cada vez más unidos a movimientos ecologistas esparcidos por todo el mundo, se han movilizado para que el delito de ecocidio sea perseguible, se han puesto de acuerdo en su definición jurídica y han solicitado que este delito sea agregado a los crímenes de genocidio, de lesa humanidad y de guerra de los que se ocupa la Corte Penal Internacional.

Es necesario establecer los derechos de la naturaleza para que los ecosistemas, los bosques vivientes, las montañas y los mares sean sujetos de derecho. Hoy, por ejemplo, la naturaleza o Pachamama es titular de derechos inalienables en Ecuador, en virtud del artículo 71 de la ley constitucional, que establece que «tiene derecho a que se respete integralmente su existencia y el mantenimiento y la regeneración de sus ciclos vitales, estructuras, funciones y procesos evolutivos».

El quid es que, en defensa de estos derechos, los individuos, las comunidades y las naciones pueden actuar legalmente frente a instituciones públicas y tribunales. En el mundo indígena, la naturaleza nunca ha reclamado estos derechos, simplemente porque es parte de un todo más grande. Estos derechos sirven como defensa, no como comprensión de lo viviente. La activista y jueza constitucional Nina Pacari destaca que

> ...según la lógica occidental, es posible concebir un contrato natural. En la visión del mundo de los pueblos indígenas, en cambio, no es necesario, porque, según el pensamiento holístico, violando los derechos individuales de una persona se violan los derechos de la naturaleza. La explotación petrolera es un ejemplo. Pero, en el curso de los debates, los ambientalistas han dicho que era importante definir la naturaleza como un sujeto dotado de derechos. Así que nos hemos dicho: encontremos un punto de encuentro. El resultado es, por tanto, una norma de carácter intercultural, un concepto nuevo que puede ser el paradigma para la conservación de la naturaleza. [...] Digamos que una persona o un individuo es un sujeto dotado de

derechos, que los pueblos o las identidades como naciones originarias son sujetos dotados de derechos; y que también la naturaleza es un sujeto dotado de derechos.[10]

10. *Ibid.*, pp. 82-84.

El relato y el descubrimiento de la subjetividad de las otras especies

Tanto en los momentos en que me veo en sociedad como cuando voy por la calle, me siento mezquino, disipado, como si mi vida fuera indescriptiblemente miserable. No hay oro, no hay patrón de respetabilidad, que pudiera redimirme, ni siquiera cenar con el gobernador o con un congresista. Pero, cuando estoy solo en los bosques distantes o en el campo, vuelvo sobre mí mismo y de nuevo siento mi fuerza relacional y el frío y la soledad se convierten en mis amigos. Imagino que, en mi caso, el valor que esto tiene es equivalente al que para otros tiene el ir a rezar a la iglesia. Vengo a mi solitario paseo por los bosques como quien tiene nostalgia y se dirige a casa [...] es como si en esos lugares me estuviera esperando un compañero sereno, inmortal, grandioso, siempre lleno de ánimo, aunque invisible. Cuando llego allí, comienzo a caminar con él.

Henry David Thoreau, *El diario* (7 de enero de 1867)

¿Por qué pensar que la planta se da menos cuenta del hambre y de la sed que un animal? El animal va en búsqueda de comida con todo su cuerpo, la planta con una parte de aquel, guiada por sentidos diferentes al del olfato, la vista y el oído.

Gustav Theodor Fechner, *Zend-Avesta oder über die Dinge des Himmels und des Jenseits, 1851*

Los árboles del valle eran como nosotros, gente también ellos, que no habla, pero siente el calor y el hielo, goza y sufre, nace y muere.

Primo Levi, *El sistema periódico*

Hace cinco años decidí que no quería vivir en una ciudad. No es la única solución para resistir al colapso climático o para redescubrirse como parte de la naturaleza, pero sí, con seguridad, es el camino más simple para experimentar de manera cotidiana un proceso de adquisición de conciencia sobre la diversidad de lo viviente. Caminar cada día por un bosque, solos o con nuestro perro, es una experiencia inmersiva que nada tiene que ver con la de las zonas urbanas para perros, insertas en un parque totalmente domesticado y diseñado para ser lo más «cómodo» posible para el ser humano. En el lugar donde ahora tengo la fortuna de vivir, en las montañas ligures,[1] el paisaje boscoso está

---

[1] La Liguria es una región a la vez marítima y montañosa del noroeste italiano, cuya ciudad más importante es Génova, que

poco antropomorfizado. Es verdad que la presencia del hombre está grabada en la historia de estas montañas, en los senderos, en los muros de piedra, pero en este caso la presencia humana es copartícipe, parte de una suerte de interacción entre especies.

Cuando se camina en silencio entre los árboles, en medio de las muchas incursiones de animales salvajes como ciervos, tejones, jabalíes, serpientes, erizos y caballos cimarrones, no es difícil relacionarse como sujeto perteneciente a la naturaleza.

Debo ser sincero: como hombre occidental, llegué a esta conclusión partiendo de la teoría, es decir, leyendo a Ingold, Latour, Viveiros de Castro o Descola, pero también a Thoreau, Fukuoka y tantos otros. Sin embargo, después también me dediqué a la etnografía y conocí a mujeres y hombres con pensamientos y conceptos sobre la «naturaleza» diferentes de los míos. Por lo tanto, seguramente fue mediante el estudio y la investigación como relativicé mi concepto de naturaleza/cultura, pero fue practicando las relaciones multiespecie de manera cotidiana como alcancé una comprensión antropológica de lo vivo.

De hecho, vivo día a día una reconfiguración del sistema de relaciones entre paisaje (concebido como algo vivo y en movimiento), animales no humanos y animales humanos, todos habitantes de un gran lugar llamado

---

conforma un paisaje bastante particular entre los Alpes y el mar de Liguria. *(N. de la E.)*

naturaleza. Un espacio de mezclas y flujos que reconforman la identidad y la pertenencia. Así, en solo cinco años he comenzado a ver y a entender mejor todo lo que me rodea.

A menudo me sorprendo de mi nueva relación subjetiva con árboles, piedras y animales, a quienes, en efecto, hasta hace poco consideraba meros objetos, que había que preservar y respetar, pero que aun así pertenecían a la categoría de objeto, o, con otras palabras, a quienes consideraba parte de lo «natural», parte interior de algo que podía visitar y atravesar, pero que inconscientemente consideraba separado de mí.

Lo que experimenté en la selva vietnamita o en el bosque de Laos por breves momentos lo vivo ahora cotidianamente en mi casa. Don Sabino Gualinga,[2] líder político del pueblo originario kichwa de Sarayaku, tratando de explicar a la Corte Interamericana de Derechos Humanos lo que representa un bosque para su pueblo, declaró que se trata de un organismo viviente y no lo que nos parece habitual: ambientes naturales vacíos, bajo la forma de reserva biológica o de depósito de materias primas para transformar en producto. Las montañas, los árboles, los pantanos y los ríos son aldeas o ciudades. Forman una arquitectura cosmológica compleja que hospeda a todos los tipos de seres vivos, tanto humanos como no humanos, en estrecha

_____

2. Biemann y Tavares, *Forest Law/Foresta giuridica*, *op. cit.*, p. 18.

80

relación unos con otros, recíprocamente constitutivos e interdependientes.

La selva —o, en mi caso, el bosque— no es un objeto inanimado, sino que está poblada por una multitud de sujetos; por ello siempre sonrío cuando colegas y amigos me preguntan cómo puedo vivir fuera de la ciudad y si no me aburre la soledad del bosque. Sonrío porque, cambiando la perspectiva y resubjetivando lo que nos rodea, pensando a los demás seres vivos como presencias, *aburrimiento* y *soledad* se convierten en conceptos por completo ajenos a la vida fuera de la ciudad, habitada principalmente por humanos. Los árboles desempeñan «en nuestro favor» y en favor del planeta tantas y tan diversas funciones que es imposible enumerarlas todas; son organismos multifuncionales porque son capaces de realizar al mismo tiempo funciones ambientales y culturales.

Moverse a pie por senderos antiguos, entre árboles y sonidos no humanos, nos conecta no solo al momento presente, sino también al pasado; cada día siento la fuerte presencia de quienes vivieron en estas tierras antes que yo, de quienes las han modelado, trabajado, recorrido. Decenas, o más bien cientos, de ruinas hablan de vidas más lentas, seguramente llenas de esfuerzo, pero ricas en sensibilidad y saber hacer.

Andar entre el silencio antrópico del bosque, escuchando la voz de los otros animales, me lleva a pensar en la muerte seriamente y con menos miedo, a volverme *tierra* y sentirme parte del todo. Al observar lo que nos rodea en el bosque, al mismo tiempo podemos tener una experiencia de vida explosiva y otra de muerte delicada; de hecho, es normal contemplar un árbol frondoso y, junto a él, otro en descomposición, así como ver un insecto atrapado en una telaraña o encontrar los restos de un jabalí devorado en la noche por un lobo. Es más fácil comprender nuestra finitud en un bosque que en una metrópoli, o al menos es más fácil aceptarla. El bosque está en continuo desarrollo: mientras unos árboles nacen, otros mueren y caen entre zarzas enormes. En el espacio que deja el árbol que cae y vuelve a la tierra, nacen otros árboles. Las ramas, las hojas y los frutos caídos son ingeridos lentamente por los insectos, quienes, gracias a su actividad incesante, producen el humus adecuado que fertiliza la tierra.

Incluso aislados, los árboles desempeñan importantes funciones ambientales. En la red ecológica actúan como pasadero, lo que los ecólogos del paisaje llaman *stepping zones*, que permiten a pájaros, mamíferos e insectos descansar sobre sus ramas, anidar y nutrirse en las cavidades excavadas en su tronco, y resguardarse para aparearse y cazar. De las semillas que caen de sus frutos nacen otros y, como núcleos de regeneración, dan inicio a una nueva naturalización.[3]

En el bosque, es más simple comprender la naturaleza como un mundo de relaciones que representa

3. Giuseppe Barbera, *Abbracciare gli alberi*, Il Saggiatore, Milán, 2017, p. 199.

82

simplemente lo existente, mientras que, en la ciudad, los árboles y las plantas se consideran objetos, que quizá se quieren preservar o proteger, pero que siempre son algo externo a nosotros. En cambio, para mí, son presencias con las cuales me relaciono; son, al fin y al cabo, sujetos. El bosque, entendido a partir de todas las relaciones entre especies que lo conforman, deja de ser un objeto del que aprovecharse o al que dominar y pasa a convertirse en sujeto portador de derechos que tiene valor por sí mismo.

Eduardo Kohn, a raíz de su investigación sobre el Amazonas, afirma que el bosque vive y piensa. Los humanos no somos los únicos que interpretamos el mundo; todos los seres vivos lo hacen. Interpretan y representan continuamente el mundo que los rodea. La vida es semiótica. Los seres vivos son el resultado del proceso evolutivo de adaptación a su ambiente. Según su investigación, se trata de un aspecto intrínseco a todos los procesos biológicos que aprovechan el ecosistema tropical y que le dan forma.

Todos los seres vivos piensan. Sus formas son el producto de una acumulación de previsiones de lo que presumiblemente serán. El bosque es una enorme ecología de seres pensantes que se extiende hacia el futuro.[4]

También experimento esta relación con otros seres vivos complejos cuando tengo la fortuna de nadar en

---

4. Kohn, *Cómo piensan los bosques, op. cit.*

83

el mar, sumergirme en el agua salada con una máscara y observar las maravillas de la vida marina. Tendemos a pensar en el mar como una simple masa de agua, pero, si entablamos una relación con él, si lo escuchamos, llegamos a percibir sus sonidos y admirar su belleza: explorando sus prados y bosques sumergidos, sus algas variopintas y sus montañas que, vertiginosas, descienden hacia las profundidades, nadando y observando a sus habitantes, nos damos cuenta de que estamos frente a peces-sujetos, animales particularmente variados e inteligentes que tejen relaciones entre sí.

Tanto en el medio acuático como en el terrestre, los animales establecen relaciones de alianza o de rivalidad para sobrevivir. Me parece asombroso como a menudo individuos de la misma especie tienen muy claro el concepto de *apoyo mutuo*, por lo que se reúnen para garantizar la supervivencia de una comunidad entera. Algunos peces, como los de las familias Clupeidae o Scombridae, por ejemplo, crean enormes cardúmenes para defenderse de los depredadores. La simbiosis, gracias a la cual dos organismos conviven ayudándose mutuamente, representa otra increíble relación de alianza y cooperación entre organismos de especies diferentes.

En septiembre, cerca de casa, resulta maravilloso nadar entre cardúmenes de boquerones, observarlos, intercambiar miradas y vibraciones con ellos, e intentar entender su acción comunitaria. El boquerón es un pez gregario que vive en enormes grupos de su misma especie, pero a veces es posible encontrarlo cerca de otras similares, como las sardinas o las alachas. Descendiendo hacia las rocas y aguzando la vista, se pueden vislumbrar también pulpos, animales sorprendentes capaces de orientarse en cualquier laberinto y que, ahora sabemos con certeza, tienen extraordinarias capacidades intelectuales gracias a un sistema nervioso muy desarrollado y complejo, con cerca de quinientos millones de neuronas, doscientos millones de las cuales en el cerebro y trescientos millones más en los tentáculos. Saben usar la memoria, son curiosos y, a mi parecer, también muy simpáticos. Aun así, aunque es considerada la criatura marina más inteligente, sigue siendo la menos comprendida y, lamentablemente, todavía son muchos los animales humanos que ven a estos seres increíbles como mero alimento.

La verdadera matriz de la vida humana estriba en las relaciones entre especies; estamos todos conectados, pero la vida encerrada en edificios de cemento nos hace olvidar que nuestra existencia depende de las plantas que nos rodean —o, más bien, nos rodeaban—. Sin plantas no podemos ni respirar ni comer. La superficie de cada hoja, con sus millones de estomas móviles, trabaja para absorber dióxido de carbono y expulsar oxígeno. Millones de kilómetros cuadrados de follaje realizan cada día el milagro de la fotosíntesis, produciendo el elemento esencial para la vida.

Las plantas tienen raíces curiosas, que se mueven en la tierra y producen brotes y ramas que buscan la justa exposición al sol, y hojas y flores que danzan lentamente mecidas por el viento. ¿Cómo podemos, pues, considerarlas objetos privados de movimiento? Solo es posible porque no tenemos una relación con ellas, porque estamos distraídos.

Observadoras, las plantas registran continuamente hechos y fenómenos de los cuales el ser humano no se percata, prisionero de su visión antropocéntrica del mundo, revelada de manera subjetiva por sus cinco sentidos. Cuando establecemos una relación con las plantas, en el plazo de pocas semanas somos capaces de entender que no solo están vivas, sino que están dotadas de voluntad, pueden extenderse hacia lo que quieren o ir a su encuentro con sistemas especialmente ingeniosos.

El ingenio de las plantas para idear sistemas de construcción supera con creces el de los técnicos humanos. Los edificios erigidos por el hombre no resisten la comparación con la fuerza elástica de los largos cálices gamosépalos que logran sostener pesos increíbles durante terribles tempestades. El desarrollo en espiral de la fibra es un mecanismo de gran resistencia contra la extirpación, no igualado todavía por el ingenio humano. Las células se alargan en forma de salchichas o cintas planas, unidas las unas a las otras para formar cuerdas casi irrompibles.[5] Las plantas se nutren del apoyo mutuo entre especies, como,

---

[5.] Peter Tompkins y Christopher Bird, *La vita segreta delle piante*, trad. al it. Alda Carrer, Il Saggiatore, Milán, 2020. [Hay trad. cast.: *La vida secreta de las plantas*, trad. Andrés Mateo, Diana, Ciudad de México, 1994].

86

por ejemplo, la colaboración entre plantas y bacterias, en una suerte de intercambio de favores. No hay una jerarquía estricta, sino un mundo que compartir.

Puede parecer que este discurso cabalga entre lo espiritual y lo friqui, pero al margen de ser el fruto de una experiencia directa, primero entre las comunidades indígenas que me hospedaron y después en la cotidianidad de mi casa, estos temas han sido estudiados por biólogos, botánicos y físicos. Tenemos muchas pruebas de que las plantas son criaturas no solo en grado de vivir y respirar, sino también de estar dotadas de personalidad y capacidad de comunicar. Somos nosotros, animales humanos, quienes las consideramos, en la mayoría de los casos, autómatas.

Un estudio dirigido por el químico Marcel Vogel en la segunda mitad del siglo xx me impactó mucho. Aplicando electrodos a las hojas de unas plantas conectadas a una máquina de la verdad, Vogel logró revelar las emociones que cada planta sentía según la situación que enfrentaba. Particularmente interesante fue el descubrimiento de una memoria emocional. Durante un experimento, les pidió a sus estudiantes que se comportaran de distintos modos con una planta conectada a los electrodos: uno debía maltratarla y salir de la sala; otros, entrar a olerla y no hacerle daño alguno. Luego, la planta fue enchufada a una máquina de la verdad y se les pidió a los estudiantes que entraran uno a uno en la sala. Frente a cinco de ellos, la planta no mostró ningún indicio de reacción, pero, apenas se acercó el «maltratador», el galvanómetro tembló notablemente. La planta recordaba.

Según Vogel, está demostrado que el hombre puede comunicarse con las plantas en la medida en que son seres vivos vinculados a nosotros mediante campos mórficos. Nos pueden parecer sordas, mudas y ciegas, pero no hay ninguna duda de que las plantas son seres extremadamente sensibles, capaces de percibir incluso los sentimientos humanos.

Estos experimentos nos confirman que, en efecto, las plantas no son humanas, pero que sin duda tienen subjetividad y sienten emociones. Quizá es relativamente más simple sacar a los animales no humanos de la objetivación en la que los ha sumido la sociedad industrial; basta observar una madre jabalí con sus rayones, el desplazamiento y comportamiento de una manada de caballos, la comunicación entre los tejones o la manera como se defienden los erizos. En el momento en que nos relacionamos con la fauna, se hace evidente de inmediato que, además de subjetividad, tienen conciencia. Ello significa que la aparición de la conciencia precede al *Homo sapiens*.

De hecho, tal y como sostuvo Darwin, las diferencias entre especies son de grado y no de género, por lo cual no es posible imaginar, ni por asomo, que un fenómeno complejo como la conciencia se haya realizado integralmente y de un solo golpe con la aparición de una especie determinada. La etología cognitiva tiene el objetivo de interpretar el comportamiento animal de manera innovadora respecto a la tradición, la cual tiende a considerar a los animales en términos cartesianos: o bien como máquinas movidas por hilos, o bien como marionetas. La perspectiva cognitiva nos propone un notable desplazamiento en la explicación de la condición animal: frente a la habitual consideración del comportamiento animal como fruto de automatismos reactivos a un estímulo, la lectura cognitiva considera que es una expresión de estados internos del sujeto que nacen del tejido organizado de componentes como las emociones, las motivaciones, las representaciones y otras funciones que configuran un conjunto.

La etología cognitiva hace suyas las consideraciones metodológicas de la etología clásica, transmitida por autores como Konrad Lorenz o Nikolaas Tinbergen, estableciendo sin embargo algunas modificaciones en el modelo explicativo, las cuales deben conocerse para que sea plenamente comprendida. Hoy, gracias a este enfoque en la investigación, tenemos una enorme base de datos empíricos que prueban la existencia de mentes, conciencias y construcciones culturales en muchos otros animales no humanos, a quienes, sobre todo en la cosmovisión occidental, hemos considerado inferiores y, en muchos casos, hemos convertido en mera mercancía.

Con la domesticación animal, que rompió la unidad entre los seres conscientes, surgió la necesidad de formular una ideología que pudiera legitimar esta ruptura. Esta ideología es el especismo. Las sociedades de caza y recolección no excluían la violencia contra los animales no humanos, su asesinato para alimentarse con ellos o para usarlos en ritos sacrificiales, pero no veían a estos animales no humanos como inferiores o como objetos: entre ellos regía una relación, no existía una separación dicotómica humano/animal.

En este sentido, el especismo es una ideología construida históricamente para justificar el aprovechamiento y la matanza de los animales, desde el momento en que nos dimos cuenta de que su opresión —la opresión de otros seres humanos y de otros animales no humanos— contribuía no solo a la estabilidad simbólica, sino también a la estabilidad material de la sociedad humana.[6]

El encuentro con visiones distintas de las nuestras y el estudio y la lectura de las etnografías de las últimas décadas pueden ayudarnos a resquebrajar nuestras monolíticas convicciones occidentales sobre el lugar del *Homo sapiens* en el mundo. Estoy convencido de que este reposicionamiento puede ser la base para construir una sociedad más ecológica, igualitaria y sin límites en función de la especie.

Sin embargo, para lograrlo, debemos desmantelar las representaciones preconstruidas que nos impiden concebir el cambio. Solo mediante un cuestionamiento

---

[6.] Massimo Filippi, «Storia naturale. Tesi per una filosofia della natura», *Liberazioni. Rivista di critica antispecista*, n.º 4, primavera de 2011, p. 12.

90

sistemático de las nociones de certeza, verdad y totalidad podremos romper el muro de cemento armado que aplasta nuestro posible destino en el seno de un presente eterno y alucinado .

La naturaleza nos cura

El huerto y el paisaje como comprensión y cambio

Cuando cambiamos el modo de cultivar nuestra comida, cambiamos nuestro alimento, cambiamos la sociedad, cambiamos nuestros valores.

Wendell Berry

Rápido mejor que lento; más mejor que menos: este «desarrollo» superficial está directamente relacionado con el inminente colapso de la sociedad. En la práctica ha servido solamente para separar al ser humano de la naturaleza. [...] No tengo una particular simpatía por la palabra «trabajo». Los seres humanos son los únicos animales que deben trabajar y pienso que esta es la cosa más ridícula que existe en el mundo. Otros animales subsisten simplemente viviendo, pero la gente trabaja como loca, pensando que debe hacerlo para sobrevivir. [...] Cuando uno es consciente de que pierde alegría y felicidad en el intento de poseerlos, entonces alcanzará la esencia de la agricultura natural. El fin último de la agricultura natural no es el cultivo de las plantas, sino el cultivo y la perfección de los seres humanos [...]. Para llegar a enraizar firmemente, deben vivir de los productos de su propia tierra. Una comunidad que no logre producir su propio alimento no puede durar mucho tiempo.

Masanobu Fukuoka, *La revolución de una brizna de paja*

Cultivo de manera cotidiana no solo para comer los frutos de mi trabajo, sino también para entender mejor cómo es posible desvincularse de una sociedad que únicamente considera el intercambio de mercancías.

Desde que como los productos de mi huerto, mi vida ha cambiado en muchos aspectos, no solo en los alimentarios. La actividad diaria en los cultivos, el cuidar las plantas, el entablar relación observando sus cambios y movimientos, me regala una conciencia de la realidad que me gratifica día a día. No uso ningún tipo de pesticida y trato de entender qué puede crecer mejor en el terreno, asociando plantas y creando relaciones diversas, evitando así una suerte de minimonocultivo doméstico.

En nuestra sociedad, en la que con frecuencia la separación entre productores y consumidores es total, estos últimos tienden a asumir que no tienen nada que ver con quien provoca la contaminación agrícola. Pero la realidad es muy distinta, pues los alimentos tratados químicamente se comercializan sobre todo porque satisfacen las demandas de los consumidores. El consumidor medio prefiere productos grandes, brillantes, sin manchas y de forma regular. Para satisfacer estos deseos, entran rápidamente en uso sustancias químicas siempre nuevas.

Comer fruta y verdura fuera de temporada forma parte de este problema. Para poner en la mesa un tomate rojo en diciembre o un sabroso calabacín en febrero, quien cultiva requiere electricidad para iluminar el invernadero, pesticidas para evitar que las plantas se llenen de parásitos y combustibles fósiles para producir lo necesario. La pregunta que me planteo, sobre todo desde que cultivo, es cuán necesario es para los seres humanos comer tomates, calabacines y berenjenas en invierno o beber zumo de naranja en verano... Me sucede habitualmente que mis amigos me preguntan cómo funciona el huerto y se desconciertan cuando les explico que en febrero es imposible tener tomates y berenjenas, y que cada planta, cada fruto, sigue su propio ciclo.

Creo que mantener un huerto familiar es el primer paso hacia una alimentación sana, de calidad y económica durante la mayor parte del año. Un huerto, incluso pequeño (el mío no supera los doscientos metros cuadrados), es capaz de satisfacer buena parte de las necesidades nutricionales de una familia; cierto es que debe ser mucho más que un macetero en un balcón o un par de lechugas entre las flores del jardín, pero en la ciudad se podrían rehabilitar parques y terrenos abandonados para fundar huertos comunitarios.

Está de más decir que, cuanto más numerosa sea la familia y el porcentaje de la dieta diaria que se deba cubrir con el huerto, más amplio y variado deberá ser. Pero, incluso si nuestro espacio es limitado y, por lo tanto, también nuestro huerto, ello no debe desmotivarnos porque, aunque sea poco, lo que cultivemos será de calidad, sin residuos de productos agroquímicos y con un sabor mucho más intenso que el de las verduras comerciales. El huerto también se puede concebir como una escuela de vida, de cuidado atento hacia lo que comemos. Es difícil desperdiciar algo que, antes de llegar al plato, hemos cuidado y amado durante meses.

Un aspecto importante del huerto es su riego: el agua debe ser de buena calidad, es decir, equilibrada en su composición mineral, ni demasiado ácida ni demasiado alcalina, y de baja salinidad. El agua de manantial, de río y de lluvia es ideal para el huerto, mucho mejor que la que llega de nuestras tuberías, muchas veces demasiado calcárea y clorada. En el campo, o en un huerto urbano, independientemente de tener una fuente de agua todo el año, debemos considerar la posibilidad de recoger las aguas pluviales de los techos, las terrazas y los patios, porque desperdiciar el agua es algo que debemos evitar a toda costa.

Por lo general, para trabajar en el huerto familiar no se requiere maquinaria; me parece importante evitar el uso de aparatos complejos, muchas veces contaminantes, para cultivar pequeñas zonas de terreno, cuando son suficientes algunas herramientas manuales habituales como rastrillos, azadas, horquillas y palas de diversos tipos y dimensiones. Siguiendo algunas filosofías de trabajo como la agricultura natural de Masanobu Fukuoka, es posible aproximarse, de más a menos, a un tratamiento mínimo o nulo del suelo: cultivar del modo más simple posible, en el seno del entorno natural y con su colaboración, en lugar de utilizar técnicas cada vez más complejas para reconstruir completamente el paisaje, como es la costumbre moderna. Fukuoka, que durante años cuidó de hectáreas de tierra en Japón buscando una manera natural de cultivar que facilitase el trabajo, teorizaba, en su célebre libro *La revolución de una brizna de paja*, una agricultura del no hacer:

> *¿Y si probara a no hacer esto? ¿Y si probara a no hacer esto otro? Era esa mi manera de pensar. Al final llegué a la conclusión de que no había ninguna necesidad de arar, ninguna necesidad de fertilizantes, ninguna necesidad de hacer compost, ninguna necesidad de usar pesticidas. Si miramos bien, son pocas las prácticas agrícolas verdaderamente necesarias. La razón por la que las técnicas avanzadas parecen necesarias es que el equilibrio natural fue tan gravemente alterado a consecuencia de esas mismas técnicas, que la tierra ha llegado a un punto en que no puede prescindir de ellas.*[1]

---

[1] Masanobu Fukuoka, *La revolución de una brizna de paja. Una introducción al cultivo natural*, Econautas, Buenos Aires, 2021.

Poner en marcha un huerto es más simple de lo que parece y es saludable para el entorno, para quienes lo hacemos y para los demás animales que viven con nosotros. En muchos estudios internacionales se ha demostrado que los jardines y huertos contribuyen a nuestra salud psicofísica. Por ejemplo, desde 2007, en el Hospital Italiano de San Justo (Buenos Aires), funciona un programa de promoción de los huertos comunitarios. Se trata de un proyecto tripartito en el cual el hospital colabora con la Universidad de Morón y con el programa ProHuerta del Instituto Nacional de Tecnología Agropecuaria de Argentina (INTA). La implementación de esta iniciativa ha producido innumerables efectos positivos en el hospital y en la comunidad. Es un modelo de cómo una institución sanitaria puede trascender sus límites tradicionales para enfrentar las cuestiones de manera holística, con el resultado de promover la salud para todas las personas. Este tipo de experiencias están muy extendidas en Europa del norte y presentes también en Japón, donde los médicos han transformado el clásico paseo por el bosque en un método de probada eficacia para la gestión del estrés que opera una síntesis admirable entre placer y terapia.

Hoy la ciencia nos confirma que la relación con plantas, bosques, montañas y otros animales nos hace estar bien; cierto es que quizá no teníamos necesidad de grandes estudios para entenderlo, pero ahora tenemos las pruebas. En Japón han llamado a la sanación en contacto con el bosque *shinrin-yoku*, que se basa en el descubrimiento de que el aire boscoso contiene numerosas sustancias benéficas para la salud, entre ellas los importantes fitoncidas.

Las plantas utilizan los fitoncidas como sistema de comunicación. De hecho, como se ha demostrado en numerosas investigaciones científicas, entre ellas las dirigidas por Stefano Mancuso, los árboles (y las plantas en general) son capaces de comunicarse por medio de estos perfumes que se propagan por el aire mediante sustancias volátiles. Pero no solo eso: estas moléculas liberadas por los árboles para protegerse de los parásitos tienen efectos terapéuticos sorprendentes para los seres humanos.

Sabemos que el sistema nervioso desempeña una función clave en la gestión del cuerpo de todos los animales. En todo momento recibe y elabora una enorme cantidad de señales provenientes tanto del medio externo como de los órganos internos y, sobre la base de esa información, elabora estrategias que permiten sobrevivir y reproducirse. En diversos estudios científicos se ha demostrado que el silencio y la relación con los animales y las plantas están en condiciones de facilitar la neurogénesis y la proliferación celular. Nuestro cerebro está en continua evolución y la cantidad de estímulos que llegan desde el exterior es, por lo tanto, fundamental. El huerto, las plantas, las relaciones entre especies nos hacen bien, favorecen la calma interior, generan optimismo y emociones positivas, y ejercen una comprobada y múltiple acción con efectos terapéuticos en nuestro organismo. Cuando pasamos tiempo entre los árboles, alejados del caos urbano, de los ordenadores y de las pantallas de nuestras tabletas o móviles, se verifican diversos fenómenos, entre ellos el reforzamiento del organismo y del sistema inmunitario, la bajada de la presión arterial y la reducción de las hormonas del estrés.

Por eso las personas que participan en la constitución de un huerto urbano colectivo o del propio huerto familiar reducen la ansiedad, están de mejor humor, vuelven a crear un espíritu de participación comunitaria y estimulan la atención y la memoria. Cultivar un huerto significa también ser pacientes, redescubrir la espera y la lentitud de los procesos naturales; trabajar la paciencia en una sociedad del «todo ahora» es una actividad reconfortante y revolucionaria. Además, tener la responsabilidad de tantas vidas vegetales aumenta la autoestima y reduce la posibilidad de sufrir algunas enfermedades del sistema nervioso.

Ocuparse de un jardín o un huerto, por otra parte, favorece la movilidad, en tanto en cuanto desarrolla habilidades como la precisión, la coordinación, el equilibrio y la condición física, sin la necesidad de encerrarse en un gimnasio y correr en una cinta. Se trata no solo de ejercicio, sino principalmente de una actividad lúdica que permite la interacción social (tanto en el campo como en la ciudad), la comunicación y las relaciones humanas, y que ayuda incluso a combatir los pensamientos angustiantes que conducen a la depresión y llevan al aislamiento.

Otro punto significativo, aunque no de fácil resolución, es el referente a la soberanía alimentaria: el derecho a la buena comida para todos. Comer ecológico es importante porque nos aseguramos una vida mejor y, si la comida llega fresca desde el huerto (sea nuestro o comunitario), logramos reducir los costes, en la medida en que gastamos menos en adquirir provisiones. Además, toda la familia está involucrada en el huerto y trabaja para él, colaborando en la conservación de las semillas para asegurar las cosechas futuras (o esta sería, por lo menos, una posibilidad de acción colectiva entre familias y comunidad).

En los últimos años he notado que la horticultura y la jardinería crítica están suscitando cada vez más interés, incluso en la ciudad. Entendemos esta última como una jardinería colectiva que actúa principalmente contra la degradación urbana, repensando espacios abandonados o parques tristísimos donde domina el monocultivo césped. Entre el cemento y los edificios, los huertos se han convertido en espacios de producción, socialización y encuentro con la tierra, las plantas y los insectos.

Ante el contexto de crisis socioeconómica, en el cual el acceso a la comida es difícil, el número de huertos urbanos está en aumento en todas las grandes ciudades del mundo, porque son espacios pensados para producir las propias verduras y reencontrar la sintonía con los alimentos y entre las personas que habitan un territorio. Claramente, la mayor parte de los huertos urbanos no se ponen en marcha con el deseo de producir el propio alimento; a menudo este objetivo llega *a posteriori*. No se trata de experiencias exclusivamente productivas, ni que se dan exclusivamente en sectores populares de la ciudad. Muchas personas con expectativas e intereses diversos se han acercado a la jardinería crítica y a los huertos urbanos para fundar una nueva relación con la comida, con los procesos biológicos, con el reciclaje de los desechos e incluso con el uso del espacio.

Independientemente de cuánto se produce y quién lo hace, los huertos tienen un gran contenido simbólico; al montar un huerto, entran en juego muchos significados ligados a la tierra, a los orígenes, al trabajo físico, a la dignidad y a la salud. Con la práctica agrícola, como hemos visto, se activan objetivos terapéuticos, educativos y recreativos. Para muchas personas, estar al aire libre y en contacto con flores y mariposas ya es un placer. Simboliza la conexión con la energía vital en medio del cemento. Por lo tanto, las prácticas hortícolas satisfacen de manera simultánea y sinérgica necesidades humanas como la participación, la creación, la generación de identidad, la subsistencia y la libertad, entre otros aspectos.

En situaciones de crisis comunitaria y de hiperindividualización de la vida, muchos grupos se vuelcan en el huerto comunitario como espacio para reconstruir y reforzar el tejido social y las relaciones entre las personas. Discutir sobre producción alimentaria y jardinería urbana es más importante de lo que solemos pensar, porque nos hace reflexionar sobre algunos problemas estructurales de nuestra sociedad. Para que la horticultura urbana realmente pueda contribuir a aliviar el hambre, la malnutrición y la pobreza, es necesario que existan políticas públicas que integren esta actividad en programas más amplios que garanticen el derecho a una alimentación sana para toda la población. Cultivar nuestros propios alimentos es una experiencia potente, reflexiva y transformativa.

Percibir y vivir el entorno, en lugar de simplemente atravesarlo a toda velocidad, nos guía hacia la comprensión del uso sostenible de los recursos, de la importancia de preservarlos y de proteger a las personas que habitan los territorios. Este modo de vivir intensamente la relación con plantas y animales tiene efectos positivos tanto en el plano intersubjetivo como en el intrasubjetivo; favorece la curiosidad, la creatividad, el trabajo en equipo y el sentido de responsabilidad. No solo eso, sino que también genera confianza en las propias capacidades y produce autoestima, autocrítica y pensamiento crítico.

Un debate sobre el medioambiente físico y social influye en la salud y nos lleva inevitablemente a enfrentar cuestiones sobre teoría económica y de orden económico internacional, sobre sostenibilidad y, más en general, sobre la supervivencia del planeta. La salud humana está estrechamente vinculada a factores ambientales, por lo tanto, las características de los asentamientos urbanos influyen en la salud de sus ciudadanos de varias maneras.

En los últimos decenios ha aumentado el número de problemas de salud asociados a las condiciones de vida de las ciudades occidentales. Los estilos de vida sedentarios, la obesidad y la hipernutrición van en aumento, con la consecuencia de que algunas enfermedades como la diabetes y las patologías cardiovasculares están cobrando cada vez más importancia. Además, otras enfermedades como el asma y las alergias están en gran parte vinculadas al aumento de la contaminación atmosférica. Ese incremento se produce también en las afecciones y los trastornos mentales, como la depresión, que no siempre, pero sí a menudo, está relacionada con el aislamiento social que sufre un número significativo de personas que habitan las metrópolis.

Considerando los numerosos beneficios que los huertos urbanos aportan a nuestra salud, una estrategia para resolver parte de estos problemas podría ser precisamente la implementación de estos espacios. En muchas investigaciones antropológicas, biológicas y botánicas realizadas en diversas áreas geográficas, se sostiene que el buen uso de la horticultura urbana puede representar un elemento clave de los programas de intervención sobre la salud, por cuanto enfrenta simultáneamente los aspectos de la salud física, mental, social y espiritual de los individuos y de su comunidad.

Pensar el medioambiente como un territorio de relaciones y no como algo que dominar es el gran desafío del futuro. Es importante concebir el paisaje como una obra de arte viviente, entendiendo por «arte» un modo de organizar el espacio, de transmitir el saber: una suerte de registro de significado y construcción del sistema simbólico compartido. Si para nosotros el medioambiente se convirtiera en una obra de arte viviente, una entidad compleja que debe considerarse física, ecológica y cognitivamente, podríamos percibirlo como un bien común que compartir con los otros animales y con las plantas, pero, sobre todo, finalmente cobraríamos conciencia de que debemos hacernos cargo de él con respeto y dedicación.

Conclusiones

El ingreso en la edad adulta, después de esta larga adolescencia dorada, debe pasar por la conciencia de que precisamente el neoliberalismo está en el corazón de la crisis global, porque la generó, la amplificó y, sin ningún pudor frente a la muerte de sectores vulnerables de la población, está retardando las soluciones en nombre del imperativo económico. Esto porque la erosión de los derechos básicos a la vivienda, al trabajo y a la salud funcionan desde hace décadas sobre la gran mentira del «está todo bien», «no nos detenemos», «la producción a cualquier coste», «debemos seguir».

Matteo Meschiari, *Geografie del collasso*

El ser humano vive en una ciudad, come sin hambre y bebe sin sed, se cansa sin que el cuerpo trabaje, persigue el propio tiempo sin alcanzarlo nunca. Es un ser encerrado, una prisión sin límites de la cual es casi imposible huir. Pero algunos seres humanos, a veces, tienen la necesidad de recuperar la propia vida, de volver a encontrar una calle maestra. No todos lo intentan, pocos lo logran.

Walter Bonatti

Las transformaciones ambientales que, como sabemos, frecuentemente son generadas por la acción humana, además de devastar la naturaleza en su sentido plural, suelen producir conflictos, crisis y migraciones forzadas; estamos frente a una suerte de colapso ecológico y social con repercusiones impensables y difíciles de gestionar. El impacto en las generaciones futuras es algo de lo que se habla mucho en el debate público, pero a menudo hay una seria incapacidad de ver lo que realmente está sucediendo y de imaginar mundos diferentes del que se considera como el único posible. El ser humano se mantiene siempre en el centro de la discusión como único protagonista que excluye al resto de los seres vivos. Sin embargo, la salvación solo puede llegar si entendemos que estamos conectados y que nos debemos salvar todos juntos.

Hemos cambiado el clima, contaminado la atmósfera, deforestado las montañas, acidificado los océanos; hemos creado lo que muchos científicos han comenzado a llamar una era de «aniquilación biológica». Según lo denunciado por Ed Yong en un brillante artículo en *The Atlantic*, incluso hemos llenado el silencio de ruido y la noche de luz. Este fenómeno, usualmente ignorado, recibe el nombre de *contaminación sensorial*: estímulos producidos por seres humanos que interfieren en los sentidos de otras especies. Bombardeando diversos animales con estímulos que nosotros hemos creado, los hemos obligado a vivir en nuestro *Umwelt*. Los hemos distraído de lo que realmente tienen necesidad

110

de percibir, hemos ahogado las señales de las que dependen y los hemos atraído a trampas sensoriales. Todo lo cual está produciendo daños catastróficos.[1]

El modelo de crecimiento infinito de lo que hemos llamado «progreso» no es una construcción universal; por eso, mirar el mundo y relacionarse con quien no lo ha pensado como antropocéntrico podría ser una de las soluciones. Hemos llegado a un punto en que ha surgido una patología que aflige especialmente a los jóvenes: la *ecoansiedad*, que en la literatura científica se ha definido como la sensación generalizada de que las bases ecológicas de la existencia están al borde del colapso.

Esta definición relaciona la ecoansiedad con una preocupación general, un miedo crónico por el destino ambiental y la proyección de una grave crisis ecológica y social. Si, por una parte, la nueva posición a la que se han acomodado los negacionistas climáticos es el capitalismo verde, por otra, resulta preocupante la actitud catastrofista: dado que todo está por acabarse, es inútil cambiar.

Con todo, hay una tercera vía o, en realidad, muchas otras vías posibles que comienzan precisamente por reconceptualizar nuestro lugar como especie en el mundo o, en palabras de Ingold, por «tomar a los otros en serio». Ello implica abrirse a la experiencia ajena. Es necesario conocer el mundo, lo cual puede hacerse de

---

[1]. Ed Yong, «How animals perceive the world», *The Atlantic*, 13 de junio de 2022, shre.ink/ta1I.

dos maneras: en modo epistemológico, desde aquellos elementos que involucran el conocimiento, y en modo ontológico, desde los que involucran al ser.

Por tanto, después de haber entendido qué nos ha llevado a la crisis ambiental que padecemos, es importante concluir el libro de la manera más optimista posible.

No todo el mundo (incluso en Europa) ha aceptado la cosmovisión antropocéntrica y, sobre todo, mucha gente ha elegido desertar de la sociedad del crecimiento infinito, del hiperconsumo, y lidiar, en fin, con el egoísmo de especie. Mujeres y hombres que, junto con animales, plantas y territorios, gestionan los recursos en modo autónomo, frugal, reduciendo al mínimo los desperdicios, disminuyendo o eliminando el tiempo de trabajo asalariado.

Este estilo de vida da un impulso a la producción de bienes relacionados y comunes que no son mercancía. Bienes para los cuales consideran central no competir y no excluir, bienes comunes, vividos en comunidad. Reconquistar el tiempo y la vida es una condición necesaria para la descolonización del imaginario: «Liberarse de la servidumbre voluntaria es probablemente el mejor medio para liberarse de la servidumbre involuntaria impuesta por el sistema».[2]

Como sostiene Latouche, ya es imposible progresar, se trata de emprender un recorrido a la inversa, repensar la idea de progreso, retroceder, descubrir otra manera

---

2. Serge Latouche y Didier Harpagès, *La hora del decrecimiento*, trad. Rosa Bertran Alcázar, Octaedro, Barcelona, 2013, p. 37.

de sentir el paso del tiempo: nuestro imperativo debería ser descubrir un recorrido de cuidados sin la premisa de sanar rápidamente. En los últimos treinta años ha crecido un nuevo ecologismo, también dentro del mundo occidental, que subraya cada vez con más fuerza la interconexión y la interdependencia entre todos los habitantes del planeta:

> *Junto a una difundida biofobia particularmente feroz contra lo vegetal, asistimos en muchas partes del mundo a una renovada atención por el mundo vegetal que ha llevado a elaborar variadas formas de activismo, por ejemplo, en defensa de la selva, de arboledas urbanas y bosques, subiéndose sobre los árboles para defenderlos en muchas partes del mundo (del movimiento indio Chipko al ciudadano que estuvo durante meses encima del lodón [Celtis australis] en Florencia). Este activismo global a favor de los árboles ha llevado a la antropóloga Laura Rival, en un libro dedicado a la vida social de los árboles, a definir estos sujetos vegetales como «artefactos políticos».*[3]

En 1979, en Estados Unidos, nació un importante movimiento con un nombre claro: Earth First!, cuyo

---

3. Nadia Breda, *Mondo vegetale, capitale ontologico alternativo, capitalismo*, Seminario Politica-Ontologia-Ecologia, Universidad de Pisa, 5-6 de octubre de 2017, tinyurl.com/848w62hh.

objetivo explícito fue desde el principio poner el foco en el impacto de las comunidades humanas sobre los ecosistemas naturales, a fin de repensar radicalmente el sistema de relaciones que une al hombre con el territorio en el que vive y plasma su recorrido de civilización. El grupo, en el transcurso de pocos años, se expandió a muchos países, incluida Italia, y llevó adelante una fuerte crítica a la especulación capitalista y al hiperdesarrollo tecnológico de las sociedades occidentales.

En el apéndice a continuación de estas breves conclusiones, y gracias a una pequeña investigación etnográfica que desarrollé en 2022, he recogido una serie de testimonios de vida que considero especialmente interesantes; no pretenden ser un vademécum para entender cómo salvarnos, sino solo una selección de ejemplos de las posibilidades realizables de inmediato, si aceptamos salir del callejón sin salida de la dominación del hombre sobre la naturaleza. Muchos podrán objetar al instante que hay problemas más grandes que la crisis ecológica que estamos viviendo, como la explotación de las y los trabajadores en gran parte del mundo, las guerras atroces en diversas latitudes, la cuestión de la opresión de género, todas objeciones válidas. No obstante, parto de la premisa de que si no construimos un nuevo equilibrio humanidad-naturaleza, comenzando precisamente por la deconstrucción de esta dicotomía, será difícil desarrollar otras luchas de emancipación, por el simple hecho de que no habrá planeta donde vivir. Como escribe Emanuela Borgnino en *Ecologie native*:

Es necesario pensar en un futuro basado en un nuevo paradigma de lo viviente, más consciente de la dependencia ecosistémica y de las responsabilidades colectivas. Responsabilidades colectivas en cuanto al medioambiente visto como un sistema de relaciones que no puede ser parcelado. El entorno observado a través del foco de la responsabilidad incluye la conciencia de la dimensión ecosistémica, participativa, colectiva, en síntesis, de la dimensión relacional de los espacios que habitamos.[4]

Ejercer resistencia a una vida llena de comodidades altamente contaminantes no es solo renunciar a algo; en las múltiples experiencias que he conocido y en mi propia vida, el cambio es principalmente gozoso y significa resistir a la colonización del imaginario de la ideología consumista. Cambiar es posible y renunciar a los objetos materiales que nos parecen fundamentales, en la medida en que nos hemos acostumbrado a ellos desde pequeños, es realmente simple: tenemos que salir del círculo vicioso del comprar para que la sociedad pueda continuar produciendo y garantizando que el trabajo sea necesario para pagar por lo que hemos comprado.

Recobrar la capacidad imaginativa representa un desafío importante. Vivimos en una sociedad agresiva

---

[4.] Borgnino, *Ecologie native, op. cit.*, p. 21.

y competitiva, en la que se nos forma desde pequeños en múltiples asimetrías: hombre/mujer, autóctono/extranjero, civilizado/primitivo, desarrollado/subdesarrollado; asimetrías que bloquean nuestra capacidad de imaginar y de vivir en un mundo diferente. La imaginación, en la construcción del porvenir, tiene un rol fundamental, porque nos ayuda a resolver problemas, a interpretar datos, a proyectar investigaciones, a formular hipótesis, a conquistar nuevos conocimientos y a visualizar las miles de posibilidades que tenemos de vivir en una comunidad ecológica y social.

Quisiera reafirmar que esta actitud ecológica no es un pensamiento de renuncia, sino una gran posibilidad para «ganar» tiempo, libertad, autonomía, capacidad y saber hacer; una manera de redescubrir los sabores de la vida ligada al territorio, a la cercanía, al prójimo y a reencontrar la lentitud.

Cambiar de rumbo es una gran oportunidad a nuestro alcance y es lo que hacen los desertores del desarrollo que he conocido.

Apéndice etnográfico
Desertores del crecimiento y rituales concretos para un cambio radical

Vivir en el bosque es un poco esto: ser un ser vivo en medio de tantos otros, oscilar con ellos.

Nastassja Martin, *Credere allo spirito selvaggio*

Para muchos, la utopía se parece a un enorme supermercado, en el que todo abunda, tanto lo necesario como lo superfluo. A muchos de los habitantes de los países más pobres, América siempre les ha parecido una especie de utopía, ¿no es cierto? Pero hay una gran diferencia entre «abundante» y «suficiente». Ninguna utopía que se base en una distribución equitativa podrá jamás prometer más que lo suficiente. El exceso es una necesidad solo para el capitalismo, el cual se basa en el crecimiento perpetuo y en una radical desigualdad en la prosperidad material.

Ursula K. Le Guin, entrevista para *Anarchy*

En este apéndice se recogen las experiencias relatadas por quienes viven de un modo diferente la propia relación con el concepto de *naturaleza*: mujeres y hombres que se oponen a la ideología del crecimiento infinito y de la humanidad como elemento externo a la naturaleza o incluso superior o hegemónico.[1] El concepto mismo de *desarrollo verde* implica una visión problemática del mundo, al igual que la tan alabada *green economy*. También esta última debe considerarse negativa, por cuanto implica el intento de hacer sobrevivir *in extremis* el crecimiento económico constante al transmitir el mensaje de que de eso depende el bienestar de la humanidad.

Vivir de un modo diferente al imperante no significa por fuerza sacrificio o renuncia, sino más bien favorecer un estilo de vida centrado principalmente en la sobriedad, en el sentido del límite, de la relación comunitaria, y en lo que Serge Latouche ha llamado «las 8R»: revaluar, reconceptualizar, reestructurar, relocalizar,

---

[1]. Estas historias son el resultado de una investigación etnográfica que llevé a cabo en 2022. No todos los nombres son reales, porque mis interlocutores prefirieron permanecer en el anonimato, pero sí lo son todas las experiencias narradas, que tuve la fortuna de conocer y, en ciertos casos, de vivir algunos días o semanas. El método que usé para recopilarlas fue el de la entrevista no estructurada: una vez transcritos los registros, eliminé, por una cuestión narrativa, mis preguntas y anécdotas, dejando una única voz relatora. Todos los testimonios, después de ponerse por escrito, se entregaron a los interesados, quienes aprobaron la publicación en este libro.

redistribuir, reducir, reutilizar y reciclar, para enfrentar los problemas ambientales y sociales de nuestro tiempo debidos precisamente al crecimiento irresponsable.

Este capítulo final confirma que no solo yendo a la lejana selva podemos encontrar pensamientos críticos y estilos de vida diferentes, sino que también al lado de «nuestra» casa podemos encontrar a quienes he decidido llamar «desertores del crecimiento», personas de quienes aprender, en quienes inspirarnos y con quienes intercambiar experiencias y miradas.

ଔ

Tina y la montaña

Desde siempre me he sentido parte de la naturaleza, incluso cuando no vivía en Europa. De pequeña tuve una relación estrecha con la naturaleza no domesticada, en la que la presencia humana no existía: fue en la casa donde estaban mis abuelos. La sensación que experimentaba de niña cuando me encontraba en la naturaleza domesticada era distinta de cuando me sumergía en un paisaje más salvaje; en la primera situación, sabía que simplemente estaba fuera de la ciudad, en la segunda, en cambio, donde mis abuelos, estaba dentro de la naturaleza, éramos una sola cosa.

Decidí abandonar la vida en la ciudad cuando todavía estaba en Argentina. La lectura de *Los autonautas de la cosmopista* de Cortázar y Carol Dunlop me había hecho reflexionar. Es un libro divertido y, aunque no tiene nada que ver con nuestro tema, es la historia de un viaje entre autopistas y áreas de descanso que los autores emprenden para escapar de la casa donde viven, porque todo se ha vuelto hostil. Yo había tenido la misma sensación: los lugares donde vivía desde hacía años me quitaban el aire, me sentía devorada por la ciudad, me sentía triste, mi casa ya no era un lugar familiar donde sentirme segura. Desde ese momento, empecé a ir cada vez más seguido a la montaña, periodos que se volvieron más y más largos una vez que me gradué.

Cuando salía de la ciudad sentía que se abría un mundo nuevo lleno de posibilidades, en el que todo era más amplio, en el sentido físico de espacialidad, pero también como si fueran muchas más las «yos posibles», como si pudiera hacer muchas más cosas. En la ciudad estaba limitada, en la naturaleza todo era nuevo, era una nueva yo, podía ser no solo una, sino muchas al mismo tiempo.

La primera vez en que me percibí como naturaleza fue en un lugar llamado Casa de Piedra, en Argentina; en esas casas de piedra, que parecían huevos gigantes, vivía la población indígena de las montañas y yo, entre esas rocas, me sentí una con la naturaleza. Una pequeña parte de todo. Entendí que tenía la necesidad de sentirme así no una vez cada tanto, sino en mi cotidianidad. Para estar bien debía irme lejos de casa, y así llegué a Italia, pero sin una idea clara de lo que haría.

Cuando vine a Italia por primera vez, vi las ciudades, los lugares turísticos, pero no me bastó, quería ver otras cosas, quería descubrir algo menos «construido por el hombre». Regresé y fui a la montaña, a Sila, en Calabria, un lugar lejano de todo y de todos. Necesitaba silencio y ralentizar mi vida, pero en la ciudad no conseguía nunca vaciar mi mente de pensamientos, estaba demasiado condicionada por el exterior, y buscaba lo contrario. En la ciudad, en una sociedad, hay demasiadas contradicciones, demasiadas cosas que no podía y no quería aceptar. Quería llevar el sueño a la realidad, vivir en la montaña, sentirme naturaleza.

Soy una persona muy impulsiva y, en cierto momento, el deseo de fuga fue demasiado fuerte; por lo tanto, no podía no hacerlo, se había vuelto una exigencia. En Sila, en una casa aislada, viví uno de los momentos más bellos de mi vida. Hice un huerto por primera vez, todo crecía, comía cosas sanas, cortaba leña y me calentaba con el fuego; pequeños rituales de cambio cotidiano. Digamos que finalmente vivía con menos contradicciones, era artífice de mi cambio.

Si hubiese permanecido en la ciudad, quizá habría hecho algo intelectual, pero me habría limitado, mientras que en la montaña sentía que podía hacer miles de cosas: podía explorar todos los escenarios, podía ser lo que quisiera. Ahí aprendí cosas que nunca habría creído que podría hacer. No planifiqué este cambio, sucedió de manera completamente espontánea.

Para mí la naturaleza es difícil de describir; aunque seguramente no es «una cosa», todavía la estoy descubriendo; mi sentir «qué es» está todavía en evolución. De niña pensaba una cosa; de adolescente pensaba otra; cuando vivía en la ciudad, la pensaba como algo externo a mí, un lugar para visitar. Había una separación entre la naturaleza y yo: está allá, la voy a buscar. Ahora ya no la siento así, siento que formo parte.

La naturaleza me recuerda continuamente, y al mismo tiempo, la vida y la muerte, yo la observo y permanezco atenta. Desde el momento en que te sientes naturaleza, la defiendes espontáneamente mediante prácticas cotidianas; pero, más que una batalla, es una manera de estar en el mundo, un nuevo estilo de vida.

Pienso que la casa donde vivo ahora, en los valles piamonteses, y la tierra que cultivo, es una especie de refugio; quien permanece un tiempo allí alcanza a saborear otro modo de vivir, logra entender que podemos cambiar nuestra vida de manera estructural. Poniendo en discusión las ideas hegemónicas, el cambio se vuelve acción; por eso fundamos Sottobosco Libri (Libros del Sotobosque), una biblioteca para compartir textos y para hacer pensar a las personas sobre las tantas posibles alternativas que existen. Porque hay muchos otros mundos y modos posibles de vivir: el antropocéntrico y capitalista es solamente el más difundido y el más depredador.

Desde que vivo en la montaña, he tomado conciencia de muchas cosas. Se dice que la vida aquí es agotadora, pero, al contrario, lo que más me agota es entender las contradicciones de la sociedad; no consigo mirar a otra parte. Eso sí que me cansa, tomar conciencia es agotador.

Viviendo aquí, la idea de la comodidad cambia completamente. Ahora *comodidad* significa aire limpio, tener tierra que poder amar y cultivar, sentir el canto de los pajaritos... Aquí cambia precisamente la percepción de qué te sirve y qué no. Ahora la comodidad de la sociedad de consumo desenfrenado me anestesia. Seguramente mi elección es la deserción, pero es también una liberación, es estar conmigo misma, con las plantas y con los animales en un modo muy distinto. Los contextos urbanos me condicionaban mucho, podríamos decir que me volvían ciega y sorda: despertarse, ir al colegio o al trabajo, salir a divertirse y luego de nuevo regresar a encerrarse en casa. Ese estilo de vida, para mí, se ha vuelto insostenible bajo cualquier punto de vista.

De hecho, desde que no vivo en la ciudad, me he responsabilizado de mi presencia en el mundo. En la ciudad nos cuesta entenderlo, porque otros hacen todo por nosotros; en cambio, el ecologismo radical te lleva a actuar en lo cotidiano, porque la vida es acción. Aquí redescubrí la presencia. Vivir en la montaña me ha hecho reapropiarme de mis sentidos, fue una verdadera liberación de la sociedad que no nos hace ver, no nos hace sentir. Aquí puedo despojarme de todas las constricciones o, al menos, tener la posibilidad.

CB

Una experiencia compartida: Sottobosco Libri o la biblioteca entre los bosques

Lugar de reflexión y encuentro en Valchiusella que nace después de la experiencia de una biblioteca completamente independiente y autogestionada. El archivo de la biblioteca, en el pasado, estaba centrado en el estudio del lobo y tenía quizá la más vasta colección en Italia sobre el tema. El proyecto Sottobosco Libri se creó para ampliar el discurso incorporando textos seleccionados por su temática en torno al antiespecismo, la práctica del pensamiento libertario, la autosuficiencia energética y alimentaria, o la antropología y la historia de los pueblos indígenas.

A pesar de que hasta el momento no disponemos de lugar físico abierto al público, tenemos un catálogo de cientos de libros y organizamos pequeños eventos. Gestionamos el préstamo mediante un catálogo en línea y pronto publicaremos también uno en papel; quien se interesa por un título nos escribe y nos encontramos en el valle para el intercambio. Una cosa importante es que casi nadie se ha quedado el libro en préstamo sin devolverlo; es interesante si pensamos que no hay carnets ni cosas por el estilo, dado que es una biblioteca totalmente autogestionada.

❧

Francisco: piedras y árboles

Nací en un pueblo cercano a una ciudad. Mis primeros recuerdos de evasión en la naturaleza se remontan a cuando era niño, a cuando escapaba del asfalto, de los edificios y de las casas para construir refugios en el bosque. No estaba solo, éramos un grupo de niños de entre diez y catorce años. Ese es el primer recuerdo que tengo de mi relación con la naturaleza, de aquella que para mí era una naturaleza supersalvaje. Obviamente no lo era, pero lo era para mi experiencia de niño (y tal vez algo de ese sentir ha quedado, si pienso en cuando me detengo a mirar una zanja en alguna periferia y la percibo como algo salvaje, a su manera).

Al principio, para mí la naturaleza fue una fuga. Era una inmersión en algo diferente, pero no algo extraño. Después, al crecer, se ha vuelto refugio; de adolescente, cogíamos la moto con los amigos y nos refugiábamos en el bosque, que para nosotros representaba la libertad. Ahora quizá para mí la naturaleza sigue siendo lo mismo que cuando era adolescente: fuga y refugio.

En el bosque estoy bien, pero soy consciente de que estoy huyendo de algo; no quiero estar en la sociedad urbana porque, incluso queriendo, realmente no sé estar. No lo vivo con un sentimiento de culpa, pero una parte de mí, aunque pequeña y marginal, piensa que me quedo aquí en el bosque porque allí no sé cómo estar.

Lo vivo como una liberación del malestar de la constricción de la sociedad jerárquica, del malestar de la sociedad de consumo y todo eso, pero no de su destrucción, que me doy cuenta de que podría ser un problema.

Aquí en los bosques, las casas en las que he vivido son abiertas (en el sentido literal de la palabra), casas a las que solo se puede llegar a pie; el techo cubierto de tejas deja entrever atisbos de cielo, la salamandra entra en la cocina, el lirón duerme en el desván, el viento pasa a través de las tejas... Son casas que no te separan completamente del ambiente que te rodea.

Me sentí una parte del todo la vez que recién había enterrado a mi perro, Ula. Yacía en una franja de tierra cercana a la casa y esa noche tuve esa idea. Estaba en mi habitación, acostado en la cama; había un muro de piedra de veinte centímetros que me separaba del exterior, el falso techo de madera de diez centímetros que había construido yo y, encima, el techo de tejas; en ese momento verdaderamente advertí que no estaba separado del entorno, que era parte, éramos todo uno, no hay separación. El cuerpo de Ula enterrado en la tierra cerca de casa, yo que duermo entre las piedras y la madera, el viento que pasa entre las tejas, la lluvia que golpea las piedras.

Creo que vivir en el bosque, lejos de lo que se considera el bienestar de la ciudad, es una acción concreta de cambio. Mi problema es una especie de tensión espiritual, de unión mística entre cuerpo, espíritu y ambiente que, al menos idealmente, podría desembocar en una tensión que se disuelve en el entorno.

126

En el ser humano hay una semilla de distancia que consiste en la pérdida de uno mismo; a veces siento que puedo acortar la distancia viviendo y caminando por el bosque y, a lo largo de los años, he experimentado breves momentos de verdadera unión, de no separación entre yo y lo que me rodea. Sin embargo, esta conciencia aún no es cotidiana.

Después, en algunos casos, parece que la naturaleza actúa precisamente para disolverte, o mejor, disolver el ego, como si fuera un medio de Dios. Tengo una relación profunda con los árboles, pero no individualizo lo vegetal, lo percibo más como una unidad, porque en el fondo la brizna de hierba tiene para mí el mismo valor que el árbol centenario.

Yo creo que se debe vivir sin crear una política ecológica o una política sobre la naturaleza, porque es solo de lo vivido, del aquí y ahora, como se puede producir un cambio. Para mí esa es la posibilidad de una vida ecológica radical que va contra el tipo de civilización que hoy consideramos el único posible; me cuesta pensar en una política ecológica que no sea la vida misma.

ひ

Caminadô da nâtua: un indígena del golfo Paradiso

En la vida he elegido aceptar los límites, vivir con lentitud, para respetar y entender lo que me rodea.

La naturaleza, para mí, es un organismo vivo en el cual estamos también nosotros, pero a veces pienso, como mi hija, que nosotros y los animales no estamos hechos para estar en el mismo planeta, dada la relación rapaz y de explotación que tenemos con ellos y con su cuerpo. De joven combatí a mi manera la explotación del hombre por el hombre; ahora es cada vez más urgente ocuparnos también de la explotación del hombre respecto a los animales y, por extensión, la naturaleza, preservando sus recursos. Lo mejor que podríamos hacer sería lograr una relación de igualdad entre especies, también porque la explotación va siempre y exclusivamente en una dirección: la que ejerce el ser humano contra los animales y contra la naturaleza.

Para mí una vía justa de estar en el mundo es vivir en paz con lo que encuentras a tu lado, sin formas de avasallamiento ni abuso. En mi día a día paso mucho tiempo en el bosque; sobre todo desde que estoy jubilado, tengo muchas más horas para dedicarme al contacto directo con el exterior. A veces pienso que debería leer más, pero el instinto me lleva siempre al bosque, a limpiar un sendero, a arreglar un muro de piedra seca, a cavar la tierra. Mientras el cuerpo aguante, prefiero estar fuera; entonces, cuando ya no pueda, tendré tiempo para leer y quizá incluso para escribir.

Soy consciente de vivir una naturaleza humanizada, modificada por el hombre, que en los últimos tiempos está volviendo a una suerte de «estado natural», porque nuestras montañas viven un estado de abandono.

Todo lo construido que hay en el valle, en los bosques, nacía por necesidad: hacer terrazas, muros de contención o senderos de piedra era el único modo para obtener recursos de una tierra que era avara, como las montañas ligures, donde, de hecho, el que hubiera poca tierra fértil hizo que las albarradas fueran fundamentales para crear un territorio habitable y cultivable. Hoy quedan solo vestigios, residuos, arqueología.

Nuestra sociedad, en estos valles, fue la de piedra puesta sobre piedra. Aquí, sobre la casa que me aloja, la ladera de la montaña se llama la Grillera (el lugar de los grillos); mi madre me hablaba del «loco de la grillera», pero, pensándolo bien, tan loco no estaba, porque, cuando pasaba, si había una piedra en el suelo, miraba de dónde había caído y la devolvía a su lugar, porque incluso una piedra podía ser el inicio del colapso del muro... Mientras lo hacía, se sentía parte de la comunidad, porque el sendero, el muro, eran concebidos y vividos como un bien común. Ahora ¿cuántas piedras encuentras tiradas por los senderos?

Mis abuelos eran campesinos al cien por cien; mi padre era el clásico obrero-campesino, trabajaba en el fondo del valle y después le quedaba tiempo para cultivar y criar ganado. Así que he tomado prestado de ellos algunos conocimientos en mi manera de cultivar, a pesar de que hubo una ruptura generacional. En los años de la transmisión del saber, de los treinta en adelante, me fui a enseñar en varias escuelas de Italia. Regresé aquí al valle cuando mis padres ya eran ancianos, pero, gracias a las relaciones y a la dimensión social que he vivido y que sigo viviendo, he comprendido las técnicas campesinas. De hecho, cultivo el huerto desde hace cuarenta años y puedo afirmar que como lo que cultivo y cultivo lo que como. Aparte del compost de casa, solo abono la tierra con restos de hierba y ceniza de la chimenea, y tengo experiencia como ganadero. Lo hice tal vez por un motivo sentimental y familiar que me unía a mis abuelos, a mis padres, una suerte de tradición de familia, pero después me pregunté: ¿por qué crío vacas? Para segar el bosque, básicamente. Pero podía seguir haciéndolo sin martirizar a los animales, porque, por muy bien que los tratara, seguía existiendo una relación de explotación. Cuando tuve esta intuición, desmantelé todo y ahora trato de convencer también a otros criadores de no hacerlo. Desde ese momento comencé a limpiar el bosque usando solo mis brazos, sin explotar a los animales.

En 1988 me hice vegetariano, mientras que ahora soy vegano y me arrepiento de haber tardado tantos años en entender que el vegetarianismo tiene grandes contradicciones; me consolaba en el equívoco de que comía todo aquello que no es muerte animal, pero de hecho también los derivados representan la muerte y la tortura de animales. Soy vegano desde hace casi ocho años, porque me di cuenta de que mi vegetarianismo era una hipocresía; no soy un fanático y, si me ofrecen un trozo de torta de arroz, la como aunque tenga queso, pero la carne no.

No compro nada que venga de la explotación animal y tengo siempre la nevera vacía porque como las cosas frescas que produzco en el huerto, no tengo necesidad de conservar la comida fresca, se conserva en la tierra, como las frutas de temporada. Por un lado, está la satisfacción de comer el fruto del propio trabajo, pero sobre todo de sentirse una parte del todo. Ivan Illich decía que el arte de la cultura campesina era sentir los límites como algo deseable, es decir, sentirse en sintonía con los recursos disponibles. Ahora existe la trampa del «desarrollo verde», de la transición, que considero una idea ofensiva para nuestra inteligencia: vivir ecológicamente no puede ser algo impuesto por una campaña electoral, sino una forma de vivir que entiende los límites y respeta aquello que nos rodea.

Desde que no tengo la presión del trabajo asalariado, me siento suelto, libre de habitar el paisaje que me rodea, y me cuesta estar dentro de casa. Tengo la fortuna de tener una pensión y una casa. En relación con mis abuelos, soy un privilegiado. Incluso hace algunos años escribí un pequeño manifiesto con el título «Ama la tierra... ¡mientras dure!».

Y trata de cuidarla. En los últimos años hemos asistido al abandono progresivo de las áreas rurales. Primero, en los años sesenta y setenta del siglo XX, fue por un éxodo demográfico debido al cambio de situación socioeconómica; posteriormente, de los años ochenta en adelante, el abandono fue más bien antropológico y de valores. En cierto sentido, es como si se hubiese querido excluir de nuestro horizonte existencial la dimensión de la tierra (concepto diferente del de *territorio,* del que tanto se habla).

Sin embargo, venimos todos de ahí... Nuestros abuelos, o como mucho nuestros bisabuelos, fueron campesinos... Si no hubiesen estado ellos, no estaríamos nosotros. Si no hubiesen amado, cuidado, cultivado la tierra (cierto, empujados por la necesidad), nosotros no ocuparíamos, indignamente, este pequeño rincón de la Liguria que nos hospeda y que muchas veces nos envidian. Pero, en las décadas transcurridas, todos, realmente todos, hemos desperdiciado ese patrimonio rural, paisajístico, cultural, técnico e incluso lingüístico que se nos ha transmitido en herencia. Habitantes de los valles y de los pueblos costeros, administradores y políticos, técnicos y planificadores, las excepciones son poquísimas, dado el frecuente carácter antieconómico de la producción agrícola, aún practicada en muchos casos como mera salvaguardia de una tradición secular y de mantenimiento del territorio, para proteger el territorio del progresivo avance de las áreas boscosas.

Pese a todo, los recursos que la tecnología pone a nuestra disposición son infinitamente superiores a los de nuestros antepasados; las comunicaciones interpersonales son facilísimas e inmediatas; el nuestro no es un lugar remoto, aislado y alejado de las vías de comunicación.

En pocas palabras, quizá se necesitaría poco para defender, salvar, recuperar, reutilizar, hacer revivir nuestro territorio y las prácticas agrícolas a él vinculadas.

132

Tal vez la degradación que lo devasta es demasiada y está demasiado extendida, quizá es tarde para intentar frenarla y detenerla... Sí, quizá..., ¡pero quizá no!

♋

Marika: lucha y emancipación

Desde el comienzo de la enseñanza media entendí que debía cambiar algo en mi relación con la naturaleza. Seguramente mi participación en Fridays for Future fue fundamental para tomar conciencia del desastre ecológico en curso. Fue y sigue siendo importante manifestarse y alzar la voz contra quien nos está robando el futuro y el del resto de los seres vivos del planeta.

Sin embargo, en los últimos años entendí que tenía que cambiar mi vida personal, no podía seguir comiendo animales, tanto por una cuestión ética profunda de no ver a los seres vivos como recursos para explotar, manipular y asesinar, como también porque los criaderos intensivos están entre los principales agentes de contaminación del planeta. Es necesario tomar conciencia de nuestras acciones, porque mediante ellas precisamente podemos cambiar la sociedad.

Empecé este trayecto cambiando pequeñas cosas importantes que ya forman parte de mi vida cotidiana, como no comprar alimentos con excesivos embalajes, intentar no desperdiciar la comida y evitar la procesada, porque querer al medioambiente significa también quererse a uno mismo. Este es un aspecto central. Una cosa que me resulta fácil y que ha cambiado mis gestos cotidianos es no desperdiciar jamás el agua; cuando lavo la ensalada no tiro el agua residual, sino que la uso para regar el pequeño huerto del balcón; si lavo la ropa a mano, el agua la guardo en un cubo y la uso en el baño en lugar de tirar de la cadena.

Realmente hay muchos gestos posibles. Por ejemplo, solo me muevo a pie, en bicicleta o en transporte público; cuando cumplí los dieciocho obtuve el permiso de conducir, pero luego pensé que tener un coche eléctrico o de gasolina era el modo más estúpido y contaminante de desplazarse. Quizá en la ciudad también es el más lento y peligroso.

En resumen, en mi vida cotidiana ahora soy más consciente de cómo lo que hago podría ser o no ser parte del problema. Tengo la certeza de que esto no resolverá el desastre del cambio climático, pero creo que es un inicio, una acción directa que puedo poner en práctica o, como tú has dicho, una suerte de deserción de la sociedad que me ha enseñado, desde que era pequeña, a consumir siempre más, a estudiar para después trabajar y gastar todo en objetos que muchas veces no me sirven y que casi siempre tienen un impacto insostenible para la tierra. Desde la enseñanza secundaria, decidí no formar parte de todo esto.

En este momento vivo en la ciudad, estoy terminando mis estudios, pero no creo que logre permanecer en ella mucho tiempo. Cuando voy a la montaña, a caminar por un bosque o cuando soy huésped en una verdadera aldea ecológica, comprendo que allí, en esa situación, es más fácil reducir las contradicciones. Por una parte, a veces veo el irme de la ciudad (que no me gusta) como una fuga de una posible lucha ecologista colectiva; por la otra, sin embargo, es agotador vivir inmersa en el cemento, respirar el aire contaminado, consumir comida llena de pesticidas y contribuir, queriéndolo o no, al colapso. Por eso pienso que no podré resistir tanto. Somos muchos quienes pensamos que las metrópolis precisamente forman parte de la crisis climática y que tal vez no son renovables, al menos no con estos números, no con estas jerarquías.

Para mí la naturaleza es la experiencia de la realidad, es entender quién soy y qué somos, es sentirme libre de atravesar diferentes paisajes en sinergia. Los animales y las plantas son seres con los que muchas veces me siento más en sintonía que con los seres humanos. Todo es directo, me reconozco en ellos.

ଔ

Michele Ricci: construir en armonía y respeto

En los últimos meses, con mi pareja, he frecuentado un lugar muy «naturalístico»; nos gusta observar la vida de los muchos animales salvajes que lo habitan y nos dimos cuenta de que, para una ardilla, una luciérnaga o una liebre, el medioambiente es su propia casa. Quizá esta sea la diferencia principal entre los animales humanos y los no humanos. Nosotros no consideramos la naturaleza como nuestro hogar, mientras que los animales se sienten en casa, incluso fuera de su madriguera se sienten en casa. Desde mi punto de vista, el origen de los problemas ecológicos que enfrentamos parte de ahí: de considerar la naturaleza como algo fuera de nuestra casa o, más aún, de ver la naturaleza como algo de lo que debemos protegernos o, peor, de lo que debemos aprovecharnos. Estamos desconectados de esta relación intensa que observo en el mundo de los animales no humanos; en cambio, para mí, también nosotros formamos parte de la naturaleza y la naturaleza debería ser nuestra casa. Nosotros somos la naturaleza.

Cuando estudiaba en la universidad y asistía a la Facultad de Arquitectura, lo que se enseñaba, incluso inconscientemente, era la separación del hombre respecto de la naturaleza. En la proyección, se simulaban obras de megacentros culturales, edificios polifuncionales, oficinas y grandes conjuntos residenciales, lo cual, entre otras cosas, está desconectado de la realidad, porque, cuando terminas tus estudios y desarrollas tu actividad, a lo máximo que puedes enfrentarte es a pequeñas intervenciones de arquitectura doméstica. Lo que ahora considero más grave es que nadie te enseñaba ni preparaba para temáticas como el impacto ambiental o el bienestar habitacional. El foco estaba puesto siempre en la construcción y jamás en los seres vivos que debían habitarla y en su íntima relación con la naturaleza.

Como todos, al final del recorrido académico tuve que hacer una tesis y entonces surgió mi necesidad de unir ética, teoría y práctica. Mi reflexión ecológica y social era todavía incipiente. Como tema, abordé la vivienda social e hice un trabajo de proyección en el que no figuraba ni el impacto ecológico ni el uso de materiales naturales. Sin embargo, ya iba surgiendo en mí cierta urgencia por moverme hacia temáticas entre las cuales estaba precisamente la sostenibilidad social. Se trataba de pensar en la proyección de un edificio básicamente residencial, de altísima densidad, para cientos de apartamentos; un edificio enorme, de algunos cientos de metros de ancho y diez pisos de altura, una tipología bastante difundida en España, que es donde realicé la tesis. Estaba claro desde el principio que un «gigante» de ese tipo tendría un fuerte riesgo de producción de degradación social.

¿Qué se puede hacer para no alienarse en un lugar así? Además de idear plazas y centros comunes en diversos niveles del edificio —espacios sociales comunitarios para facilitar la interacción entre las personas—, comencé a pensar que era necesario involucrar a la «naturaleza», hacerla entrar en el edificio o al menos crear una interacción con ella. Venía de una facultad en la que se hablaba solo de acero y cemento armado; por lo tanto, el edificio fue diseñado en acero y cemento armado, pero la fachada iba a ser un jardín vertical, aunque no como el famoso bosque vertical realizado precisamente en esos años en Milán, usando simplemente «árboles instalados» sobre los balcones. Al margen de la mera función estética y energética, intenté concebir algo que creara un verdadero vínculo entre el habitante y la naturaleza; y ¿cuál es el vínculo más fuerte entre hombre y naturaleza sino la relación con la comida vegetal? Así surgió la idea de realizar un sistema de huertos verticales accesibles desde las ventanas de casa. Este sistema sí tenía una función estética, con el objetivo de minimizar el impacto visual de un edificio tan enorme, pero además cumplía la función de regular el calor estival y, sobre todo, la de acercar a la naturaleza mediante la producción de comida ecológica a disposición de todos.

Tal vez era un proyecto utópico, pero más por la ilusión de crear espacios vivibles en edificios con esa densidad que por el sistema de huertos verticales, de los cuales había verificado la viabilidad con expertos internacionales. De cualquier manera, aunque mi recorrido de conciencia todavía estaba en un estadio inicial, me acerqué a las temáticas que ahora desarrollo con convicción. Una vez diplomado, me di cuenta de la enorme responsabilidad que tenían mis acciones como arquitecto; siendo profesional, puedo proyectar lugares en los que tal vez las personas habiten toda su vida, estructuras que tienen un impacto en la tierra y en el medioambiente.

Los datos de las investigaciones de la Comisión Europea (revelaban, ya en 2014, que el sector inmobiliario tiene un impacto devastador sobre la tierra: es responsable del 42 % del consumo final de energía; produce el 35 % de las emisiones de gases de efecto invernadero; utiliza más del 50 % de los recursos extraídos, de los cuales la mayor parte no son renovables; consume el 30 % del agua; y genera el 30 % de los desechos.[2] Consciente de este altísimo impacto, me pregunté: ¿se puede hacer de otra manera? ¿Puedo encontrar alternativas?

En ese momento decidí fundar mi primer estudio, al que llamé Archetica, un proyecto en el cual unir ética y arquitectura. Quería dar vida a una realidad que proyectara edificios realmente sostenibles; un camino difícil, porque en esa época era ir a contracorriente: mis colegas seguían proyectando y construyendo con materiales no sostenibles, tecnologías ya existentes y más fáciles de aplicar, y, sobre todo, delegando en cualquier constructora. En mi investigación descubrí que había una técnica constructiva poco conocida que empleaba madera, fardos de paja y tierra cruda para realizar casas ecológicas, y pensé que tenía sentido y que podía ser lo correcto.

Me sorprendió descubrir que, en ese momento, existían un par de ejemplos en Italia: estructuras de paja en

---

[2] Ecorys-Copenhagen Resource Institute, *Resource efficiency in the building sector*, Ecorys-Copenhagen Resource Institute, Róterdam, 2014, p. 12.

las que no había necesidad de calefacción, o la necesidad era mínima, aunque estuviesen en latitudes frías, lo que despertó mi curiosidad. Aun así, no había prácticamente nadie que proyectase y construyera de manera profesional estructurando edificios de este tipo, y no había una verdadera bibliografía técnica para estudiar la teoría. Entonces, lo que hice fue ir como voluntario a ayudar a una obra en la que se estaba experimentando esta técnica constructiva. Tenía la necesidad de expandir mis horizontes y ensuciarme las manos para entender si era solo un juego de jipis o una posibilidad. Sin embargo, me di cuenta de que podía ser algo serio y de vanguardia.

Participé en un concurso de ideas en España y gané el primer premio Territorio y Economía con el diseño de un barrio en el que acentué aún más la ya estrecha relación entre construcción, naturaleza y seres humanos. Se conseguía mediante la actividad agrícola en el interior mismo del barrio, con un vínculo estrechísimo que dictaba tiempos y formas más naturales, más humanas. Además, también era un sistema de economía circular.

A medida que investigaba y profundizaba en el tema, usaba mi blog como bitácora, así que CaseInPaglia.it atrajo a colegas con los que he colaborado y todavía colaboro, y a clientes comprometidos con mi visión del presente y del futuro. Así evolucionó mi trayectoria; el logotipo de Archetica floreció como una espiga de trigo y se convirtió en el de CaseInPaglia.

Cuando comencé, no había casi nada de este tipo en el panorama italiano. Hoy CaseInPaglia.it contiene una red de profesionales expertos y empresas cualificadas, que usan materiales naturales como madera, paja, tierra cruda y cal. Los ambientes interiores que proyectamos no están contaminados con sustancias tóxicas y, por lo tanto, respetan a quienes los habitan y al medioambiente externo. Este modo de construir y de pensar la casa me reconecta con mi definición de naturaleza o de habitar en la naturaleza y con la naturaleza: un entorno que genera salud.

El concepto es simplemente construir según la naturaleza y no construir una segunda naturaleza. Los materiales forman parte de la naturaleza y no van contra ella por ser tóxicos o dañinos. Construcciones altamente funcionales, no solo éticas y ecológicas; no solo lugares sin problemas de humedad, cálidos en invierno y frescos en verano, sino también proyectados hasta el más mínimo detalle y realizados con la maestría de artesanos expertos que comparten esta visión.

De alguna manera, la relación entre el ser humano y la naturaleza por medio de la alimentación vuelve como hilo conductor. De hecho, pensándolo bien, del cultivo de los cereales, es decir, del alimento, se obtiene la paja que uso para las casas. Este concepto resultó particularmente interesante cuando, en algunos casos, la paja sobrante en la construcción se utilizó como manto vegetal en huertos sinérgicos que, a su vez, produjeron más verduras para los residentes. Un círculo que se cierra a la perfección.

Sin embargo, como repito de manera constante, es necesario prestar atención al hecho de que el prefijo «eco» no es suficiente para que una construcción sea ecológica. Para ser saludable y natural, no basta con que una casa tenga una estructura de madera si el resto de los materiales son de origen petroquímico, han consumido recursos no renovables y han emitido toneladas de dióxido de carbono a la atmósfera durante su producción, creando ambientes interiores potencialmente tóxicos para quienes los habitan.

Desgraciadamente hoy, en Italia, a causa del marketing impulsado por la especulación inmobiliaria, se ha instalado en la mentalidad la idea de que «casa de madera» es sinónimo de «casa ecológica» o «bioconstrucción», pero no es así.

La manipulación es tal que muchas veces es difícil entender la diferencia entre el *greenwashing* y una trayectoria realmente ecológica (no sucede solo en el campo de la construcción, obviamente, sino en todos los sectores de consumo). Es lo mismo que ocurre con el patriarcado y el racismo: no basta con declararse consciente y libre de estas prácticas nocivas si no nos damos cuenta de que estamos involucrados y formamos parte del problema. Por ejemplo, me considero feminista, pero seguramente tengo actitudes machistas aún arraigadas en mi interior de las cuales ni siquiera me percato. Debemos ser conscientes también de esto para enfrentar la complejidad de la realidad.

En mi cotidianidad, intento realizar acciones éticas y sostenibles cada vez que puedo, por lo que mi reflexión sobre el habitar/vivir y la naturaleza me ha llevado a tomar conciencia de la cuestión antiespecista. Nuestra sociedad ve a los animales no humanos como objetos para usar según su necesidad; vivimos en una disonancia cognitiva hacia estos últimos: amamos a perros y gatos, pero comemos pollos, conejos, vacas y cerdos. Hace unos años, la perspectiva antiespecista cambió mi vida. Junto con mi pareja, inicié un camino hacia la alimentación vegetariana, un cambio en todo el estilo de vida que parte del plato (una vez más, los vegetales son el hilo conductor de la relación entre los humanos y la naturaleza) y llega a las «casas vegetales», una forma de vida que incluye el respeto por la naturaleza de la cual nos sentimos parte. Un mundo de relaciones y no de dominación.

La construcción de otro futuro, en el que las otras especies vivas no sean objetos, sino sujetos con los cuales entretejer relaciones lo más horizontales posible, es factible y también necesaria para nuestra propia supervivencia. Vivir en una casa de paja que no tenga impacto negativo en el medioambiente y liberarse de la explotación animal hacen que nuestra vida sea mucho más hermosa, plena, ecológica y coherente. Todo esto puede parecer difícil y, sinceramente, a veces lo es, pero los beneficios que se derivan de ello son enormes. Solo hay que salir de la zona de confort y reencontrarse al otro lado.

☙

Roberto Cecconi: el mar como elemento infinito

Creo que formo parte de la naturaleza, tal vez una parte marginal, pero formo parte del total en el que vivo. La primera vez que me sentí naturaleza fue cuando, entre los ocho y los diez años, tuve mis primeras experiencias acampando con los escultistas. Despertarme y ver el alba en el bosque, sentir olores y sonidos tan distintos de los de la ciudad, me sumergió en una sensación que todavía recuerdo. Desde ese momento, comenzó el descubrimiento que me ha llevado a sentirme atraído por una especie de contraposición entre mundo construido y naturaleza, algo que me fascina.

Estudié en la universidad para ser arquitecto; una vez terminado el proceso académico, me dediqué a la recuperación de lo existente, no mediante una restauración filológica, sino hibridando pasado, presente y futuro. Cada vez que comenzaba y que comienzo la restauración de una vieja casa de campo de piedra o de un apartamento en la ciudad, la pregunta que me planteo es la misma: ¿cómo habitar en armonía? Los edificios que nos rodean son montañas de jaulas. En el habitar especulativo no hay encuentro entre personas, hay cámaras de vigilancia, rejas, muros, puertas blindadas que nos separan de todo y de todos, mientras que, desde mi punto de vista, la esencia del habitar reside precisamente en las relaciones. Como arquitecto, trabajo para construir o, mejor dicho, para proyectar un modo de habitar pensado en torno al encuentro.

Desde hace algunos años paso parte de mi vida en un velero, y aquí el tema se expande, la casa se vuelve ilimitada. Con el tiempo, pensé en un concepto constituido por tres infinitos:

- el infinito construido, que es la ciudad;
- el infinito lleno, el de la montaña, en el que el ser humano camina hacia la cumbre y toca el cielo;
- el infinito vacío, el del mar, en el que flota en un elemento que nunca termina y el horizonte siempre se vuelve a presentar.

Estos tres infinitos giran en torno a Gaia, la madre tierra.

En los meses que paso en el barco, de mayo a noviembre, vivo lentamente, en una dimensión de equilibrio con lo que me rodea. Me di cuenta de que el mito de la velocidad es falso; es mucho más potente construir el mito de la lentitud. En el barco hay tiempos distintos, horizontes mayores. La lentitud viene dada por los elementos que te rodean: si hay viento, avanzas; si el mar está revuelto, te detienes. Siempre en una relación de total respeto. Esperas a que llegue el viento para moverte, sin consumir nada; no tienes necesidad de encender el motor y salir a toda velocidad. Navegas con impacto cero, vives en una maravillosa armonía con los elementos. Lo opuesto de lo que continuamente nos ofrece nuestra sociedad, la velocidad para todo; basta apretar un botón y todo se puede realizar. Aquí en el barco es como en la huerta: una semilla necesita meses para germinar relacionándose con lo que la rodea.

En el velero uno entiende que no necesita todo eso que se nos vende como indispensable. Es una casa móvil que te hace enfrentarte a lo superfluo. Se crean relaciones comunitarias con quienes viven en el barco y eso es particularmente interesante: nos ayudamos, nos acogemos y nos relacionamos. Esto, evidentemente, no vale para todos. Estoy hablando de quienes viven el velero lentamente, porque la relación entre navegantes sucede solo en la lentitud. Si eres veloz, si corres sobre el agua, todo huye, tanto el entorno como los seres que lo viven. Cuando navego, experimento armonía y respeto, me siento parte del todo, un elemento que, atravesando el mar, se une en la esfera de lo vivo, de manera no permanente, no definitiva, porque inicia una ruta y tal vez la deba cambiar.

Con las velas y entendiendo los vientos, no necesitas correr para llegar a un lugar específico; simplemente atraviesas el medioambiente y él te atraviesa a ti. Pero quiero desmontar un mito. El barco no es una experiencia para ricos. Ellos no entienden esto que estoy explicando; ellos necesitan ostentar, ir rápido, atravesar el mar como recorren la autopista con su deportivo. Viven en el barco exactamente como viven en la ciudad, con el aire acondicionado y todas sus comodidades. Tienen un barco porque tienen dinero, no porque tengan la experiencia del mar.

Yo vivo en el barco durante meses sin dinero, porque allí, de hecho, no sirve el dinero. Lo que sirve es el tiempo, que es lo más valioso de nuestra sociedad. ¿Corres para ganar tiempo? Eso es lo opuesto a la experiencia del mar, porque pierdes de vista todo aquello que te rodea. En el barco intento no usar la tecnología: el viento lo siento con los oídos y estoy familiarizado con los lugares que recorro. Si permaneces en una cabina hipertecnologizada, aislado del viento y del mar, cuando falla la tecnología no sabes moverte, no sabes escuchar. Claramente, la lentitud ayuda a la comprensión de los lugares; si vas a toda velocidad sobre el mar o sobre la tierra, no te das cuenta de lo que te rodea. Llegas el primero, pero también puedes ser el primero en estrellarte.

El velero nos ofrece la posibilidad de pensar diferente. Desde que vivo con poco, he ganado tiempo, sueños y felicidad, sigo los ciclos y me siento mejor. El capitalismo es una droga, una enfermedad; lo que realmente necesitamos es tiempo y relaciones.

En mi experiencia, el nomadismo es el modo de vida que me hace estar bien. Estoy bien cuando puedo llevarme la casa conmigo. Siento que no tengo límites. En cambio, una casa, incluso la más bella del mundo, no se mueve y te mantiene anclado siempre al mismo puerto. Lo que puede cambiarnos la vida es fundar una economía del bienestar, no de la posesión; lo importante es encontrar la forma de contar estos cambios urgentes y posibles, aunque me doy cuenta de que no es fácil salir de la jaula.

Bibliografía

AIME, Marco, *Eccessi di culture*, Einaudi, Turín, 2004.
—*Una bella differenza. Alla scoperta della diversità del mondo*, Einaudi, Turín, 2016.
—*Comunità*, Il Mulino, Bolonia, 2019.

ALBERT, Bruce y Davi KOPENAWA, *La caduta del cielo. Parole di uno sciamano yanomami*, Nottetempo, Milán, 2018. [Hay trad. cast.: *La caída del cielo. Palabras de un chamán yanomami*, trad. Emilio Ayllón Rull y Jesús García Rodríguez, Capitán Swing, Madrid, 2024].

BARBERA, Giuseppe, *Abbracciare gli alberi*, Il Saggiatore, Milán, 2017.

BIEMANN, Ursula y Paulo TAVARES, *Forest Law / Foresta giuridica*, Nottetempo, Milán, 2020.

BORGNINO, Emanuela, *Ecologie native*, Elèuthera, Milán, 2022.

BREDA, Nadia, *Mondo vegetale, capitale ontologico alternativo, capitalismo*, Seminario Politica-Ontologia-Ecologia, Universidad de Pisa, 5-6 de octubre de 2017, tinyurl.com/848w62hh.

CLIFFORD, James, *I frutti puri impazziscono. Etnografia, letteratura e arte nel XX secolo*, Bollati Boringhieri, Turín, 1993.

COCCIA, Emanuele, *La vita delle piante. Metafisica della mescolanza*, Il Mulino, Bolonia, 2018.

DANOWSKI, Deborah y Eduardo VIVEIROS DE CASTRO, *¿Hay un mundo por venir? Ensayo sobre los miedos y los fines*, trad. Rodrigo Álvarez, Caja Negra, Buenos Aires, 2019.

DARWIN, Charles, *El origen del hombre*, trad. Joandomènec Ros, Crítica, Barcelona, 2021 [1871].

DE MATTEIS, Stefano, *Il dilemma dell'aragosta. La forza della vulnerabilità*, Meltemi, Milán, 2021.

DESCOLA, Philippe, *Más allá de naturaleza y cultura*, trad. Horacio Pons, Amorrortu, Buenos Aires/Madrid, 2013.
—*Diversidad de naturalezas, diversidad de culturas*, Capital Intelectual, Buenos Aires, 2016.

FABIANO, Emanuele y Gaetano MANGIAMELI, *Dialoghi con i non umani*, Mimesis, Milán, 2019.

FABIETTI, Ugo y Francesco REMOTTI (eds.), *Dizionario di antropologia. Etnologia. Antropologia culturale. Antropologia sociales*, Zanichelli, Bolonia, 1997.

FAVOLE, Adriano, *Vie di fuga. Otto passi per uscire dalla propria cultura*, Utet, Milán, 2018.
—*Oceania. Isole di creatività culturale*, Laterza, Roma/Bari, 2010.
—*La bussola dell'antropologo. Orientarsi in un mare di culture*, Laterza, Roma/Bari, 2015.

FILIPPI, Massimo, «Storia naturale. Tesi per una filosofia della natura», *Liberazioni. Rivista di critica antispecista*, n.º 4, primavera de 2011, p. 12.

FLORES, Martha, *Extractivismo y resistencia comunitaria en Honduras*, Consejo Cívico de Organizaciones Populares e Indígenas de Honduras (COPINH) / Organización Fraternal Negra Hondureña (OFRANEH), s/l, 2017.

FUKUOKA, Masanobu, *La revolución de una brizna de paja. Una introducción al cultivo natural*, Econautas, Buenos Aires, 2021.

GALEANO, Eduardo, *Le vene aperte dell'America Latina*, trad. Gabriella Lapasini y Elena Liverani, Sur, Roma, 2021. [Ed. orig. cast.: *Las venas abiertas de América Latina*, Siglo XXI, Madrid, 2023].

GEERTZ, Clifford, *La interpretación de las culturas*, trad. Alberto Luis Bixio, Gedisa, Barcelona, 2008.
—*Mondo globale, mondi locali. Cultura e politica alla fine del ventesimo secolo*, trad. al it. Andrea Gloria Michler, Il Mulino, Bolonia, 1999.

HARAWAY, Donna J., *Seguir con el problema. Generar parentesco en el Chthuluceno*, trad. Helen Torres, Consonni, Bilbao, 2019.

INGOLD, Tim, *Antropología. ¿Por qué importa?*, trad. Esther Gómez Parro, Alianza, Madrid, 2020.
—*Ecologia della cultura*, Meltemi, Milán, 2016.
—*Making. Antropologia, archeologia, arte e architettura*, Raffaello Cortina, Milán, 2019.

KOHN, Eduardo, *Cómo piensan los bosques. Hacia una antropología más allá de lo humano*, trad. Mónica Cuéllar Gempeler y Belén Agustina Sánchez, Abya-Yala, Quito, 2021.

LATOUCHE, Serge, *La megamáquina. Razón tecnocientífica, razón económica y mito del progreso*, Diaz & Pons, Madrid, 2016.

LATOUCHE, Serge y Didier HARPAGÈS, *La hora del decrecimiento*, trad. Rosa Bertran Alcázar, Octaedro, Barcelona, 2013.

LATOUR, Bruno, *Cara a cara con el planeta. Una nueva mirada sobre el cambio climático alejada de las posiciones apocalípticas*, trad. Ariel Dilon, Siglo XXI, Buenos Aires, 2017.
—*Nunca fuimos modernos. Ensayos de antropología simétrica*, trad. Víctor Goldstein, Siglo XXI, Buenos Aires, 2007.
—*Políticas de la naturaleza. Por una democracia de las ciencias*, trad. Enric Puig Punyet, RBA, Barcelona, 2013.

LÉVI-STRAUSS, Claude, *Las estructuras elementales del parentesco*, trad. Marie Thérèse Cevasco, Paidós, Barcelona/Buenos Aires, 1981 [1949].

MESCHIARI, Matteo, *Geografie del collasso. L'Antropocene in 9 parole chiave*, Piano B, Prato, 2021.

MOORE, Jason W., *Antropocene o Capitalocene? Scenari di ecologia-mondo nell'era della crisi planetaria*, Ombre Corte, Verona, 2017.

MORTON, Timothy, *Hiperobjetos. Filosofía y ecología después del fin del mundo*, trad. Paula Cortés Roca, Adriana Hidalgo Editora, Buenos Aires, 2021.

ROSSI, Amalia y Lorenzo D'ANGELO, *Antropologia, risorse naturali e conflitti ambientali*, Mimesis, Milán, 2012.

SAHLINS, Marshall, *La ilusión occidental de la naturaleza humana*, trad. Pablo Romero Noguera, Virus, Barcelona, 2025.

SEPÚLVEDA, Luis, *Un viejo que leía novelas de amor*, Tusquets, Barcelona, 1993.

STAID, Andrea, *La casa vivente. Riparare gli spazi, imparare a costruire*, Add, Turín, 2021. [Hay trad. cast.: *La casa vivente. Recuperar los espacios, aprender a construir*, trad. Giuseppe Maio, Enclave de Libros, Madrid, 2025].
—*Abitare illegale. Etnografia del vivere ai margini in Occidente*, Milieu, Milán, 2017.

THOREAU, Henry David, *Walden*, trad. Javier Alcoriza, Cátedra, Barcelona, 2005 [1854].
—*Ascoltare gli alberi*, trad. Alba Bariffi, Garzanti, Milán, 2018.

TOMPKINS, Peter y Christopher BIRD, *La vita segreta delle piante*, trad. al it. Alda Carrer, Il Saggiatore, Milán 2020. [Hay trad. cast.: *La vida secreta de las plantas*, trad. Andrés Mateo, Diana, Ciudad de México, 1994].

TSING, Anna Lowenhaupt, *La seta del fin del mundo. Sobre la posibilidad de vida en las ruinas capitalistas*, trad. Francisco J. Ramos Mena, Capitán Swing, Madrid, 2021.

TYLOR, Edward, Cultura primitiva, 2 vol., trad. Marcial Suárez, Ayuso, Madrid, 1977 [1871].

VIVEIROS DE CASTRO, Eduardo, *Metafísicas caníbales. Líneas de antropología postestructural*, Katz, Buenos Aires, 2011.
—*Prospettivismo cosmologico in Amazzonia e altrove*, Quodlibet, Macerata, 2019.

WHITMAN, Walt, *Hojas de hierba*, trad. Eduardo Moga Bayona, Galaxia Gutenberg, Barcelona, 2019.

YONG, Ed, «How animals perceive the world», *The Atlantic*, 13 de junio de 2022, shre.ink/ta1I.

Índice onomástico

Impreso en octubre de 2025
en Tauro Gráfica
Madrid